MW01229624

El propósito siempre es compartido, así que te
agradezco por querer leer mi mensaje.
Por ese solo hecho yo estaré viviendo mi propósito.

Si quieres compartir inquietudes, opinar o profundizar
sobre alguno de los temas contenidos en este libro, estaré
feliz de recibir tu correo en mi casilla personal
sharonirosenberg@gmail.com.

ÍNDICE

Todo ser humano se encuentra confrontado con dos grandes enigmas: el portal del nacimiento, y el portal de la muerte. Se denominan "portales" porque señalan el umbral entre la realidad perceptible a través de los sentidos, el mundo sensorial, y las otras realidades que no lo son, el mundo suprasensorial. Ante estos dos portales, en la mayoría de los seres humanos surgen diferentes preguntas: ¿continuaré existiendo de alguna forma después de la muerte? ¿Me reencontraré con los seres queridos que fallecieron antes? ¿Hay algo antes del nacimiento? Es decir, ¿existe un plan para esta vida?

En función de cómo los seres humanos responden a estas preguntas, la vida se vive de una u otra manera. La propia vida, que no sabemos si será breve o longeva, se convierte en un enigma. ¿Cuál es el sentido de la vida? O, ¿qué propósito le quiero dar en el tiempo que me ha sido concedido?

A lo largo de la historia de la humanidad, y de manera muy diferente en las diversas culturas, esas preguntas han recibido enfoques y respuestas variadas. En todas las antiguas culturas —desde Oriente, pasando por lo que hoy denominamos Europa, hasta Abya Yala (nombre que los pueblos originarios daban a América)— existía el conocimiento de la "otra realidad", lo que a veces se denomina como mundo espiritual o realidad suprasensible. Pero no se trataba de una creencia o una cuestión de fe, sino que los seres humanos percibían la existencia de otros seres con niveles de consciencia distintos, a los que denominaban dioses, y relataban esas experiencias de la otra realidad en forma de imágenes, al igual que narramos en imágenes las experiencias de lo que vivimos cuando soñamos. Los sueños son experiencias de otro nivel de realidad no sensible, que no se pueden describir de forma sensible sino que requieren del recurso de las imágenes para poder transmitirse. Así surgieron las mitologías, las leyendas e incluso los cuentos, que para la mentalidad actual solo son invenciones fantasiosas de nuestros antepasados, pero la realidad es que hemos perdido la capacidad de interpretar esas imágenes.

Esa pérdida paulatina de la habilidad de entender las imágenes, de la imaginación, dio paso progresivo al nacimiento de la capacidad de pensar tal y como la entendemos hoy. Siete u ocho siglos antes de Cristo, surge la filosofía griega, y ahí se ve cómo el ser humano puede utilizar una de sus grandes capacidades, el pensar, para tratar de entender el mundo. Quedaban todavía lugares ocultos, en donde se transmitía de forma selectiva, a los alumnos que se mostraban dignos de ello, los conocimientos de esa otra realidad que se había perdido para la mayoría. Y así, encontramos los misterios de Eleusis, los de Samotracia, o el propio templo de Apolo en Delfos, como lo trata este libro al desarrollar la autenticidad, en donde se encontraba el gran aforismo: "Hombre, conócete a ti mismo".

Es sorprendente ver, por ejemplo, la capacidad de pensar de Aristóteles, algunos de cuyos logros, por ejemplo en la lógica, apenas han sido superados al día de hoy. Esa nueva capacidad de pensar experimenta un salto aun más radical a partir del Renacimiento, especialmente desde el siglo XVI, con el nacimiento de la ciencia moderna. Si no hubiéramos perdido la capacidad de asombro, estaríamos todo el día con la boca abierta exclamando "¡oh!" ante los descubrimientos científicos. Cómo es posible que el ser humano, pensando, descubra leyes universales que rigen la tierra y el cosmos, leyes que no ha puesto él, sino que ya existían. ¿Qué es una ley? ¿De dónde proceden las leyes que rigen el universo?

El problema es que, en lugar de tratar de responder también a estas preguntas, la ciencia se enfocó más en el "cómo" que en el "porqué". Esto ha supuesto un desarrollo enorme de la ciencia y de la tecnología, pero ha dejado a éste ser humano sin respuestas ante las dos preguntas existenciales que mencionaba antes. Se ha difundido una visión materialista y reduccionista del ser humano y de la vida, que ha generado el modo de vida de la sociedad actual. Según esa visión, este solo es un paso más en el proceso evolutivo, con algunos genes diferentes respecto a los simios, y la vida no tiene otro sentido que la lucha por la supervivencia, que implica la adaptación a las condiciones del medioambiente. Y cuando llega la muerte, todo este conglomerado de genes y células que un día se reunieron por azar, se descompondrá y ya no quedará nada de lo que éramos.

Por supuesto, cada uno es libre de pensar lo que quiera, pero debemos ser conscientes de que nuestras ideas generan modelos sociales. Si realmente me han inculcado que la vida solo es una lucha por la supervivencia, que después de la muerte ya no habrá nada más, que un ser humano solo es un conjunto de genes agrupados por azar, entonces, ¿por qué debería preocuparme por los otros seres humanos o por el medioambiente? ¿Por qué no puedo robar o matar? ¿En base a qué puedo justificar una ética? Lo único que me interesará, si comparto esa opinión y soy coherente con ella, es yo mismo y mi propio bienestar. Y, si no, preguntémonos por qué en pleno siglo XXI, disponiendo de todos los conocimientos científicos y tecnológicos, y de todos los recursos del mundo, tenemos cada vez más problemas personales, sociales y medioambientales. ¿Por qué en los países más ricos el suicidio ha crecido de forma alarmante? ¿Por qué personas que disponen de todos los recursos materiales llegan a tal desesperación?

Todos los conflictos y las crisis que tenemos nos muestran que es urgente que el ser humano, sin perder los logros conseguidos con su gran capacidad de pensar, amplíe el horizonte de su mirada y vuelva a plantearse las preguntas originales, propias de la esencia del ser humano.

En este sentido, El propósito no era lo que yo creía, de Sharoni Rosenberg, llega como agua de lluvia en tiempo de sequía, llega en un momento adecuado, en el kairós. Se trata de un texto de gran madurez, a pesar de que su autora es una mujer joven, y lo considero así porque no es un libro filosófico más o de autoayuda, como hoy proliferan, sino que es eminentemente práctico tanto para la vida individual como para el desarrollo de las organizaciones. El libro sirve de forma directa para ese "conócete a ti mismo" y encontrar nuestro lugar en el mundo.

Me atrevería a decir que ese conocimiento secreto, que antes solo se adquiría en algunos templos o lugares ocultos, hoy puede conseguirse a través de la empresa. Y no solo para algunos, sino para todo ser humano que esté dispuesto a perder el miedo, a liberarse de prejuicios y vivir con autenticidad. En este sentido, este libro es una guía que puede acompañar a los directivos, gerentes y trabajadores de las organizaciones que quieren convertirse en espacios modernos de autoconocimiento y transformación social. La solución a los problemas del mundo no surgirá solo de manifestaciones, de protestas o de programas electorales, sino que requiere de un cambio radical de los seres humanos y del modo de vida actual.

Las empresas cambiarán el mundo solo cuando quienes las compongan se trasformen en mejores personas. Este libro puede ayudar a convertirlas en agentes de transformación social si los directivos, gerentes y trabajadores acogen con coraje y honestidad las propuestas que en él se nos muestran. Desde mi experiencia y compromiso con la ética y la nueva economía, doy la bienvenida a este libro y mi más sincera felicitación a Sharoni Rosenberg por haber tenido la iniciativa de escribirlo.

Joan Antoni Melé.

POR QUÉ ESCRIBÍ ESTE LIBRO

Antes de adentrarnos en el universo del propósito, con todas sus facetas y complejidades, quisiera contarles por qué escribí este libro, con el cual espero acompañar a todos aquellos que quieren avanzar en su camino de autoconocimiento y búsqueda de su lugar en el mundo, para así lograr vivir una vida un poco más consciente y feliz.

Crecí escuchando que ganar mucho dinero, destacar, ser reconocido y mejor que los demás era lo que nos hacía exitosos. Pero, para mí estas razones no han sido nunca las que me han motivado a levantarme por las mañanas. Aunque, no me malinterpreten. Esto no quiere decir que no me guste hacer bien mi trabajo, desarrollarme profesionalmente o tener un sueldo a fin de mes. Me agrada todo eso y no tengo intención de renunciar a ello.

Sin embargo, revisando mi historia personal, me he dado cuenta de que todas esas cosas han sido más bien un medio que un fin. Y que los momentos de mayor felicidad han tenido mucho más que ver con mi relación con los demás, que con los bienes materiales o con los logros estrictamente personales. Puedo decir que he experimentado mucho más el sentimiento de felicidad entregando que recibiendo, cuando, por ejemplo, he logrado mejorar en algo la vida de otros o hacerlos más felices, aunque sea algo muy menor o por tan solo un momento.

Pero descubrirlo me llevó un largo tiempo.

Cuando somos jóvenes pareciera importarnos más lo que sucede afuera que adentro de uno mismo. Nos atormenta el qué dirán, cumplir con las expectativas de nuestros padres, sentirnos parte de un grupo, reconocidos y aceptados por otros, etc. Pero a medida que vamos entrando en la adultez muchos comenzamos a experimentar vivencias que nos hacen querer mirar para atrás, preguntarnos cómo llegamos aquí y hacia dónde queremos ir. Esta evolución y mayor madurez, nos lleva a hacernos preguntas que nos sacan de la inercia o del piloto automático del que estábamos acostumbrados hasta ese momento. Este fue mi viaje antes de llegar aquí.

A mis treinta y un años, yo era lo que se suele llamar una persona "exitosa". Tenía tres hijas preciosas, un marido que amo, un buen trabajo y en general un buen pasar. Sin embargo, sentía una disconformidad profunda que no me dejaba tranquila. Había algo que me hacía sentir incompleta, como un sujeto dividido. Sentía que no estaba haciendo todo lo que yo podía hacer en la vida y tampoco todo lo que quería hacer. ¿Qué tenía que cambiar? ¿Cómo tenía que vivir? ¿Por qué me sentía así?

Como dice León Tolstói en *Confesión*, estas preguntas existenciales muchas veces aparecen en personas que aparentemente tienen una vida resuelta. Otros, con el inicio de la temprana adultez o al enfrentarse a sus últimos años de vida.

Estaba a punto de resignarme a llevar esta vida "feliz" y entonces me encontré con el propósito.

Una llamada telefónica

Hace cinco años estaba organizando mi cumpleaños número treinta y dos, cuando sonó el teléfono. Era Pablo, un amigo con quien había trabajado una década atrás en proyectos sociales de la Fundación Techo, que se dedica a la erradicación de campamentos, entre otras cosas.

Hacía mucho tiempo que no conversábamos, así que nos pusimos al día durante un rato, hasta que fue al tema que le interesaba hablar conmigo. Me habló del concepto de propósito y cómo se estaba formando un nuevo movimiento a nivel mundial que estaba promoviendo a las compañías que junto con obtener ganancias además son buenas para el mundo, conocidas como Empresas B.

En ese preciso momento, un universo completo se abrió ante mí. Aún no comprendía bien lo que significaba la palabra propósito, pero sentía que era el principio para encontrar muchas de las respuestas que estaba buscando.

Después de la llamada de Pablo, se produjeron una serie de hechos similares y comenzaron las sincronías. Empezaron a llegar solicitudes de asesorías legales para este tipo de empresas e invitaciones para participar en el movimiento liderado por Sistema B[1]. También me pidieron formar parte del equipo que busca promover el proyecto de ley que reconoce a este tipo de sociedades —la ley de Sociedades de Beneficio e Interés Colectivo (BIC)— y asistí a encuentros regionales en Lima, Puerto Varas y Mendoza, entre otras cosas. En ese entonces yo decía que sí a cualquier invitación en este ámbito. Quería explorar, conocer, compartir con gente distinta, con la que sentía que hablábamos el mismo idioma. Ahora pienso que quizá las oportunidades siempre estuvieron ahí, solo que a partir de ese momento me volví consciente de lo que quería, pude identificarlas y me atreví a tomarlas.

La transformación

A medida que fui avanzando en este camino, empecé a sentir que ya no me importaban las mismas cosas que antes o, al menos, no de la misma manera. Si bien estos cambios no eran evidentes para quienes me rodeaban, para mí eran muy profundos y me hacían pensar que algo inédito estaba emergiendo. No era que estuviera naciendo una nueva persona, por el contrario, era como si por primera vez estuviera apareciendo **mi verdadero yo.**

Los valores fundamentales que siempre tuve se reafirmaron y varias de mis prioridades comenzaron a cambiar. Por supuesto que soñaba con contribuir a una sociedad más justa, en la cual todos pensáramos tanto en el bien común como en el propio, pero recién entonces tuve la valentía de tomar decisiones que me permitieran efectivamente hacer algo al respecto. Ahora sí estaba dispuesta a abandonar mi carrera como abogada tributaria para aventurarme en un área menos rentable o glamorosa y que estuviera relacionada con promover esta nueva forma de hacer empresa. Siempre sentí la curiosidad de hacer otras cosas, y ahora tenía el coraje necesario para tomar las decisiones que me llevarían a eso.

Estas transformaciones también se produjeron en el plano de mi vida social. Las intenciones de las personas pasaron a ser más importantes que sus acciones, y eso me llevó a valorar mi entorno de manera distinta. Ya no miraba tanto lo que las personas hacían, sino que me preocupaba más saber por qué lo hacían. Al mismo tiempo, me era cada vez más difícil permanecer indiferente ante el cinismo o la falsedad de algunos. Abandoné entonces viejas amistades que sentía superficiales y poco auténticas. Comencé a evitar encuentros sociales por deber, y me centré en aquellos que sí me interesaban realmente. Me volví más empática y dejé de ser la mujer que siempre hablaba. Ahora prefería escuchar. Los chismes sobre la vida de los demás ya no me parecían entretenidos. Incluso se me empezó a hacer difícil juzgar a las personas, cosa que antes me salía fácilmente. También debo reconocer que me obsesioné un poco con el asunto del propósito. Algunos amigos me decían que me había vuelto aburrida, que si no hablábamos de eso, no tenía interés en participar.

Las cosas más simples de la vida pasaron a ser las que más disfrutaba: una buena conversación con mi abuela, despertar con una de mis hijas en la cama, o el calor de los primeros días de primavera. Me enamoré de la naturaleza, planté mi propio jardín, hice una huerta y un sistema de compostaje. Si estaba triste o desanimada, ya no necesitaba ir a comprarme algo, cuidar mis plantas era más que suficiente. Poco después, comencé a meditar. Esto era algo que siempre vi muy lejano y que nunca me había llamado la atención. Fue difícil al principio y, a pesar de que no entendía mucho cómo funcionaba, sentía que me hacía bien y me permitía conectarme conmigo misma.

Estar sola ya no me provocaba angustia como antes, de hecho, lo comencé a disfrutar y me atreví a viajar sin compañía por primera vez desde que me había casado. Descubrí la potencia de la lectura como una fuente de aprendizaje del mundo. De hecho, todo lo que les voy a compartir en este libro tiene que ver con ese descubrimiento. La lectura se transformó en mi método de educación permanente.

Al haber vivido fuera del país y pertenecer a la religión judía, el tema de la diversidad era importante para mí, pero ahora lo veía más claro que nunca. No se trataba de tolerar o respetar a los demás, sino de celebrar las diferencias como un aspecto central en la riqueza de las relaciones. Mientras más diverso era mi entorno, más lo aprovechaba, y encontré en la explicación espiritual de la vida (no religiosa) la respuesta a esa necesidad de unión con todos los seres humanos.

A medida que pasaba el tiempo, de alguna manera me empecé a beneficiar de esta forma consciente de ver la vida. Me volví más perceptiva, creativa, y mi motivación aumentaba cada día. Tenía una gran energía, no veía límites para mis sueños e ideales. Y así nacieron muchos proyectos nuevos que antes jamás hubiese imaginado hacer.

Desde entonces, se podría decir que la satisfacción de mis propios intereses dejó de ser la guía de las decisiones y acciones que emprendía. Comencé a verme como una intermediaria de algo más grande, difícil de describir, y no necesariamente aprehensible por la estricta razón. Era más bien como un acto de fe. Pero que no se malentienda, un acto de fe en el sentido de que existe una aceptación de que hay algo más grande que es causa de la vida y que nunca lo podremos realmente comprender.

Algunos se refieren a esto como Dios, pero a lo largo de este libro me referiré a esto como un sentimiento oceánico, tal como lo definió Romain Rolland hace un siglo atrás.

Quizá el mejor regalo de todos fueron las nuevas y profundas amistades que surgieron. Creía que, a estas alturas de la vida, ya no se formaban relaciones muy verdaderas, pero estaba equivocada. En el mundo social o del propósito se usa mucho conectar a personas desconocidas que compartan intereses. Entonces empecé a tener "citas" con gente que, de otra manera, jamás hubiese conocido. Bastaba con un encuentro para que se generara un vínculo, el que luego daba lugar a proyectos o cualquier otro tipo de sinergia. Era como si nos conociéramos desde siempre, por el solo hecho de compartir un propósito.

Más tarde, leyendo a Abraham Maslow volví a sorprenderme al ver que en su teoría Z (de la cual hablaremos más adelante) describe esta secuencia de cambios o transformaciones. Son veinticuatro en total, pero la que más me impresionó fue aquella que se refiere a la amistad. Esta última dice que las personas que buscan trascender en la vida "parecen de alguna manera reconocerse mutuamente entre ellos y llegar a una intimidad casi instantánea y a un entendimiento mutuo, incluso desde el primer encuentro". Me di cuenta de que Maslow describe cada una de las cosas que me habían pasado, lo que permitió corroborar que finalmente no era tan diferente y que también le ocurría un proceso similar a muchas otras personas en todo el mundo y desde hace largo tiempo.

*El camino de propósito es un punto de partida para alcanzar una mayor claridad sobre aquellas elecciones que hacemos a lo largo de la vida, pero por sobre todo para aprender a elegir aquello que realmente **nos importa a nosotros**. Es una forma de organizar nuestra vida, de redirigir nuestras expectativas, nuestros valores o lo que consideramos un éxito o un fracaso y, lo más importante de todo, qué es lo que necesitamos para ser **plenamente felices**.*

Al finalizar este recorrido es probable que experimentes una transformación que te permitirá, entre otras cosas, cambiar tus valores y la forma en la que narras la historia de tu vida.

Lo harás de manera consciente, aprendiendo que el camino de propósito es un proceso, no un resultado... y puede llevar meses, años o la vida entera.

> **"** ¿*Lograré ser el héroe de mi propia vida? o será otro quien ocupará este lugar"*.

Charles Dickens, *David Copperfield.*

CONVERSACIONES ENTRE MI CONSCIENCIA Y YO

INTRODUCCIÓN

66 *Una vida sin examinar es una vida que no merece ser vivida".*

Sócrates.

Los seres humanos somos una especie compleja (que no es lo mismo que ser complicado), pues la vida se compone de elementos diversos que deben relacionarse entre sí para vivir en armonía. Y aun así, muchas veces nos contentamos con respuestas simples a problemas que requieren de un mayor análisis. A esto se suma que también nos habituamos fácilmente a la comodidad de lo sencillo, de lo que está dado. Ese es el caso del tema que nos ocupa. Conocer y descubrir nuestra relación con el propósito requiere de mucha reflexión y autoconocimiento, pues comprenderlo a cabalidad implica necesariamente indagar en nuestra complejidad humana. Se trata de un proceso que comienza desde lo más íntimo y personal para luego abrirse al mundo y desplegar todo su esplendor en él.

¿Qué carajo es el propósito?

Mientras elegía el título de este libro, pensé varias veces en ponerle así: ¿Qué carajo es el propósito? Pero, probablemente, no era lo más adecuado. Si bien el propósito es un concepto muy utilizado por las personas, empresas e instituciones, lo que me intrigaba era la variedad de significados que se le daban al concepto. De hecho, hay tantos significados como fuentes consultadas y todos son de carácter más bien enunciativo, ninguno de ellos conceptualiza este tema y presentan puntos de vistas más bien parciales.

Partamos por lo primero que hace uno cuando no sabe algo: Google. Ahí encontraremos una serie de conceptos, como por ejemplo:

> - *El propósito del ser humano es el sentido que otorga a su vida.*
> - *El propósito responde a preguntas existenciales como "por qué" y "para qué".*
> - *El propósito es avanzar hacia una meta o proyecto que queremos alcanzar.*

Estas definiciones no me eran suficientes para explicar lo que me estaba pasando. Encontraba solo eso y necesitaba saber más. Si bien el propósito suena como un concepto relativamente sencillo, sentía que era algo difícil de explicar holísticamente.

Debo reconocer que resulta sorprendente la capacidad que tenemos los seres humanos de hablar sobre cosas que no entendemos. Yo hablaba de propósito con todo el mundo, pero en realidad ahora me doy cuenta de que estaba lejos de comprender de qué hablaba realmente. Mientras estaba escribiendo este libro, le pregunté a distintos "expertos" en la materia qué significaba para ellos o cómo lo definían. Solo uno de ellos logró esbozar un concepto más allá de una breve definición. Ni les cuento lo que pasó cuando pregunté cómo definirían una empresa con propósito. Ahí no obtuve ni una sola respuesta coherente o clara, aunque este es otro tema que será, espero, objeto de un próximo libro.

Existen varios autores que han aventurado una definición. La gran mayoría de ellos concuerda en que el propósito es importante porque:

1. Nos brinda dirección.
2. Nos permite encontrar el sentido de nuestra vida.
3. Nos invita a trascender al contribuir a algo más grande que nosotros mismos.

Esta información ya era un buen comienzo, pero sentía que aún era insuficiente. ¿Qué significa cada una de estas aseveraciones?

También me encontré con autores, artículos y blogs en internet que acercaban el propósito a otros conceptos como la pasión, la vocación, esa chispa, o un llamado en la vida, lo que se conoce habitualmente en los países anglosajones como calling. Me preguntaba si estas ideas eran distintas entre ellas o tan solo diferentes formas de referirse a lo mismo. Justamente, la escritura de este libro me ha permitido darme cuenta hasta qué punto el propósito es un concepto que sobrepasa, en riqueza y complejidad, todas las ideas anteriores.

Por otro lado, en el proceso me encontraba con personas que me desalentaban. Para muchos, estos temas son del primer mundo y no aplican a países en desarrollo o en vías de desarrollo, como los latinoamericanos. Pero basta con mirar a nuestro alrededor para descubrir que nos hemos transformado en víctimas de nuestro propio ego. Ese que nos lleva a construir una falsa imagen de nosotros mismos para protegernos ante las agresiones del mundo. Y víctimas ante la voracidad de éxito. Los problemas de salud mental relacionados al estrés, desórdenes de ansiedad y los casos de depresión, se han ido por las nubes en los últimos treinta años, a pesar de que el PIB per cápita ha ido en aumento. Si bien no podemos negar que aún existen carencias materiales que saciar, la crisis que estamos presenciando no es de tal naturaleza, sino que es existencial, espiritual.

Comprendo la resistencia, pero tengo certeza de que la gran barrera para avanzar en esta línea es conocer realmente de qué hablamos cuando hablamos de propósito. Después de mucho buscar, me di cuenta de que la única manera de poder desarrollar y comprender a cabalidad el concepto era indagando en distintas disciplinas o ciencias. Las respuestas no estaban enteramente en la psicología positiva, sociología, antropología, filosofía, teología o neurociencia, sino parcialmente en todas ellas.

En ese momento comenzó un gran desafío. Empezar a estudiar ya no lo que estaba disponible para el público en general, sino que toda la literatura especializada que podía encontrar al respecto, tesis doctorales, artículos científicos y libros filosóficos, entre otros. Entonces, tuve que aprender a desaprender todo lo que había leído y escuchado hasta el momento y ponerme a estudiar esto en serio. Me guiaba un solo norte: tener una visión holística de qué es el propósito para lograr culminar esa transformación que estaba viviendo y que me permitiera descubrir cuál era mi propio propósito en la vida, si es que lo había. El resultado de esta búsqueda es lo que quiero compartir en este libro con ustedes.

Todo conocimiento que busques meramente para enriquecer tu propio saber y acumular tesoros personales, te desviará del camino. Pero todo conocimiento que busques para madurar en la tarea del ennoblecimiento humano y de la evolución cósmica, te hará adelantar un paso más".

Rudolf Steiner.

Parte I: ¿Qué es el propósito?

CAPÍTULO I

Las preguntas que no encontraban respuesta

> ❝ *La mente es como un paracaídas:*
> *solo funciona si la abres"*.
> Einstein.

Cuando partió mi investigación, de lo que todos hablaban era del concepto japonés *ikigai* y del *Golden Circle* de Simon Sinek (puedes profundizar sobre estos conceptos en el Apéndice I). Leí y estudié cada uno de estos conceptos tratando de encontrar las respuestas a tantas preguntas que tenía, pero si bien ambos me sirvieron para inspirarme y adentrarme en el asunto, no lograba atar todos los cabos sueltos. Sinek desarrolla la importancia del por qué de lo que hacemos y lo conecta con la parte emocional de nuestro cerebro. El *ikigai* habla de aquello que amamos, en lo que somos buenos, la contribución al mundo y por lo que nos pueden pagar.

Pero tenía la sensación de que el propósito debía también comprender conceptos tan importantes como la intención, la consciencia de uno mismo, nuestra identidad, el correcto actuar o la virtud, nuestros valores y la motivación. Tampoco lograba entender bien si el propósito y el sentido de la vida eran lo mismo o no. Al mismo tiempo, tenía dudas respecto a la relación del propósito con el amor y el concepto que manejamos sobre lo que es el éxito y la felicidad. Lo otro que no acababa de comprender es a lo que se referían cuando hablaban de trascendencia: no me bastaba con saber que era algo más grande que nosotros mismos. Seguro había mucho más por indagar y que se relacionaba, en alguna medida, con la espiritualidad (otro concepto que me costaba procesar).

Después de darle muchas vueltas y de tratar de ordenar todas las dudas que merodeaban en mi cabeza, llegué a la conclusión de que el asunto del propósito lo tenía que abordar respondiendo a dos grandes preguntas:

- ¿Qué es el propósito?
- ¿Cómo descubro el mío?

La primera pregunta la desarrollaremos en este capítulo, mientras que a la segunda responderemos ulteriormente.

El significado de la palabra

Para definirlo, en primer lugar, buscaremos qué dice el diccionario de la Real Academia Española (RAE), una costumbre que me quedó arraigada de mis tiempos de abogada. Según éste, el propósito (del latín proposĭtum, término integrado por el prefijo pro, que indica una dirección, y positum en el sentido de poner hacia adelante) se puede definir de tres maneras:

1. Intención o ánimo de hacer o de no hacer algo.
2. Objetivo que se pretende conseguir.
3. Asunto, materia de que se trata.

Las dos primeras definiciones son centrales: el propósito puede ser una intención y un objetivo. La tercera no la utilizaremos, pues se usa para hacer referencia a otra cosa, es sinónimo de "razón de algo" como, por ejemplo, a propósito de este libro.

Si bien la definición de la RAE es algo escueta (como suelen ser las definiciones) nos brinda un buen punto de partida. Por un lado, la intención es la determinación de nuestra voluntad hacia un fin, y un objetivo es aquello a lo que se dirige o encamina una acción. Esto puede sonar muy abstracto y filosófico, pero la realidad es que hay "algo" dentro de nosotros que quiere expresarse en el mundo exterior. Y pareciera ser que **cuando hay coherencia entre lo que somos genuinamente y lo que hacemos en nuestro día a día, sentimos que estamos viviendo nuestro propósito.** Veremos más adelante que no son excluyentes, y que la intención y el objetivo representan las dos caras de un mismo concepto.

Esta intención que se dirige hacia un objetivo es algo que Aristóteles ya había observado. Para el filósofo griego, todo en la vida se orienta a un fin último, y utilizó el concepto de teleología —que proviene del griego *telos*, que significa propósito— para referirse a la doctrina que estudia la finalidad de las cosas por sus causas u objetivos. Aristóteles tenía la absoluta convicción de que si queremos entender qué es una cosa, debemos comprenderla en relación a su fin último. Para él, todos los seres vivos en este mundo, ya sean personas, animales o plantas, tienen un fin hacia el cual dirigirse y, por lo tanto, un camino hacia el cual perfeccionarse.

Este ya era un gran avance en mi investigación. Tenía claro que todas las cosas que existen en la tierra tienen un propósito, algo a lo cual aspiran llegar a ser. Por ejemplo, Aristóteles decía que el propósito de una bellota es convertirse en roble, y el de una oruga el de transformarse en mariposa. En definitiva, lo que propone es que el propósito de cada especie sería el mismo: la razón por la cual existe o por la cual vino al mundo.

Pero, si todas las especies tienen su propio propósito, ¿cuál sería el de los seres humanos? En este momento mi búsqueda se vio en un punto de inflexión. Ya les contaré por qué. Volvamos un poco hacia atrás.

Lo que creía cierto

Antes de hacerme esta pregunta, y basándome en la información que tenía disponible, mi idea era la opuesta. Me había hecho la imagen de que cada ser humano tenía su propio propósito en la vida. Uno que es único para cada uno y que debiese guiarnos para toda la vida. Después de haber realizado decenas de encuestas online —que suelen prometer cosas como "encuentra tu propósito en cinco pasos" o "resuelve tus inquietudes existenciales en menos de treinta minutos"—, todo indicaba que el propósito se trataba en encontrar esa única frase que definiría mi vida para siempre.

Lo único en lo que podía pensar en ese momento era en encontrar esa frase, que aconsejaban debía ser breve como si fuese un post de Twitter (ojalá en no más de cuarenta caracteres), y contuviera aquello que estaba llamada a hacer en este mundo. Tenía que lograr formar una oración de este estilo:

- *Hacer del mundo el mejor lugar para la humanidad.*
- *Salvar el mundo a través de la educación.*
- *Ser compasivo conmigo mismo y con el resto del universo.*
- *Terminar con la pobreza en África.*

Si lograba redactar esa frase, la promesa que hacían estos blogs era que mi felicidad despegaría como un cohete sin que nada ni nadie pudiese arruinarla, y que nunca más ni por ningún motivo sentiría el vacío que me estaba consumiendo por dentro. Era la invitación a alcanzar el nirvana.

Ahora lo puedo contar con algo de distancia y sentido del humor. Pero hace unos años todas las explicaciones y soluciones simplistas sobre lo que para mí era un tema crucial, me producían mucha frustración e impotencia. Estuve entrampada en la búsqueda de la "frase perfecta" por largo tiempo, y por mucho que quise encontrarla, esto no sucedió.

En un momento sentí que la presión y ansiedad de resumir en una sola frase mi propósito, aquello que marcaría el resto de mi vida, era algo que no podría soportar por mucho tiempo. La angustia de no saber quién era yo se tornó tan fuerte, que sentía pudor de compartirlo con otros por miedo a que no reflejase bien mi identidad o parecer insegura si decidía ajustar mi propósito más adelante. En otros casos de personas cercanas, creo que la obsesión se volvió aún más severa: no faltaba quien no quisiera compartir su frase con el grupo por temor a revelar más de la cuenta sobre sí mismo o a que algún oportunista decidiera copiárselo, como si al hacerlo le estuviesen robando parte de su identidad.

A pesar de la confusión e inseguridad que tenía, logré redactar mi primera frase de propósito. Recogiendo lo feliz que me había sentido trabajando en proyectos sociales y basada en los ejemplos que había visto en blogs sin mucha sustancia, mi frase resultó ser: ayudar a las personas vulnerables para lograr disminuir la pobreza en el país. Al comienzo fue muy gratificante, creía que finalmente había conseguido el objetivo. Por un instante me sentí como un pez en cautiverio que había sido devuelto al río. Pero tras unas semanas, la frase que había redactado y que me hacía sentir tan libre, ya no me convencía tanto.

Traté de no tomármelo tan a pecho. Después de todo, ¿quién no se equivoca la primera vez? Si bien una parte de mí se sentía identificada con el propósito que había declarado originalmente, no podía dejar de pensar dónde quedaba mi familia en todo esto. Se supone que el propósito es uno solo y para toda la vida. Entonces, ¿cómo dejar fuera lo más importante de mi vida?

En ese momento, la reflexión y los ejercicios de meditación me llevaron a concluir que la frase debía ir orientada a lo que más disfrutaba hacer: conectar con los demás y entregarles lo mejor de mí. No importaba si era mi hija, una niña que acababa de conocer en un hogar o un practicante de la oficina. Cualquiera fuese el contexto, y guardando las diferencias entre los tipos de vínculos, sentí que mi propósito era "entregar amor a todas las personas de manera incondicional".

Estaba tranquila con esta declaración. Lo que más me reconfortaba era que incluía los dos ámbitos de la vida que eran más importantes para mí: mi familia y un trabajo en el cual pudiese contribuir. Pero, a los pocos meses, nuevamente me pasó lo mismo: algo no me hacía sentido. En ese momento me estaba dedicando a ayudar a muchas fundaciones a resolver problemas legales y, muchas veces, no llegaba ni a conocer a las personas detrás de cada proyecto. Me hacía muy feliz el simple hecho de saber que les había simplificado la vida y que mi conocimiento estaba sirviendo para algo que me parecía importante.

En ese minuto sentía que había fracasado, lo que me llevó nuevamente al cautiverio. Me preguntaba: "¿Será que nunca descubriré mi propósito? Sabía que tenía que volver a adaptarlo, y eso me dejó muy confundida. Solo tenía una cosa clara: algo no estaba funcionando de la forma en que los blogs presentaban las cosas. Algo dentro de mí me decía que el propósito no podía ser uno solo para toda la vida, único e inmutable. Me parecía que la vida era demasiado compleja como para reducir el propósito a eso: a una sola frase perfecta.

Seguí intentando durante un tiempo. Sentía que muchas frases podían reflejar mi esencia, aquello para lo cual había venido al mundo. Por un lado, verbos como contribuir, ayudar, inspirar y mejorar; y por el otro, palabras tan comunes como amar, crear, hacer feliz a otros se sentían apropiadas. Otros conceptos más sofisticados, como consciencia, espiritualidad y trascendencia también me hacían sentido. Todas ellas me interpelaban para mi frase de propósito. Al mismo tiempo, preguntando a mis amigos más cercanos, todos parecíamos tener declaraciones muy similares. Algo como lo que ocurre a las empresas cuando declaran su misión o visión: es difícil distinguir una de la otra, en el papel son todas similares. Lo importante no eran las palabras, sino que debía haber algo más.

Todo este recorrido parecía un zapato chino. Me estaba dando vueltas en lo mismo sin llegar a ningún lado. Esta situación me llevó a cuestionarme firmemente si encontrar el propósito se trataba de hallar esa única frase, o era algo más profundo que eso. Llevaba mucho tiempo tratando de buscar mi propósito en base a lo que hacía, a mis proyectos, a mi trabajo, y una voz interior me decía que el propósito no era algo que se buscase afuera, en el mundo exterior, en una actividad, sino más bien algo más personal e íntimo, como un llamado a conocerme mejor, a descubrir realmente mi identidad y que solo entonces podría realmente vivir mi propósito.

Estaba empezando a perder la esperanza cuando me volví a topar con una frase de Aristóteles que tantas veces leí, pero que solo entonces cobró real sentido:

"El propósito de los seres humanos es ser feliz".

Y volviendo al comienzo, después de ese recorrido logré responder a la pregunta acerca de cuál sería el propósito de los seres humanos.

Así como Aristóteles había señalado el propósito de las bellotas y de las orugas, también lo había hecho respecto a la especie humana. Si lo que él decía era cierto, pensaba, el ejercicio de la frase perfecta no tenía sentido alguno. Ya no se trataría de buscar el propósito de cada uno, pues todos los seres humanos compartiríamos el mismo: ser felices. Es decir, la eudemonía, como la llamaba él.

Ser felices

Tras pensarlo unos días, me pareció bastante lógico y me encontré que varios otros filósofos, psicólogos o referentes espirituales, como el Dalai Lama, afirmaban lo mismo.

Para quienes somos padres, esto no debiera ser nada sorpresivo. No es de extrañar que en los momentos de conversaciones más profundas les digamos a nuestros hijos que lo más importante para nosotros es que sean felices. Lo mismo nos decían nuestros padres. Al fin y al cabo, ¿quién no quiere ser feliz?

Me hacía mucho sentido todo lo que estaba descubriendo. Todos queremos ser felices, de eso no hay duda alguna, el problema es que, por alguna razón, hemos dejado de tomarle el peso a esa palabra. A pesar de lo importante que es para nuestras vidas, muchas veces nos referimos a nuestra felicidad casi mecánicamente, como quien pregunta a otro al saludar "¿cómo estás?", solo por costumbre, sin realmente querer saber la respuesta. Hablamos de la felicidad, pero no nos damos el tiempo para pensar qué es realmente, su importancia para nuestro bienestar y cómo podemos alcanzarla.

Se podría decir que, hasta esta parte de mi búsqueda, ya tenía dos cosas claras y me servirían para responder la primera de las preguntas planteadas en un comienzo:

1. El propósito de todos los seres humanos es el mismo
2. Ese propósito es ser feliz.

Lo anterior, nos lleva a hacernos una pregunta clave:

¿Qué es la felicidad?

La felicidad

CAPÍTULO II

La felicidad

 *El propósito de los seres humanos es la eudemonía"*

Aristóteles.

Existen cientos de miles de libros y autores que hablan sobre la felicidad. Desde siempre es un tema que ha obsesionado a filósofos, ensayistas, dramaturgos, y poetas. Existen miles de textos que hacen alusión a ella como tema principal y lo interesante es que, en mayor o menor medida, gran parte de ellos vuelve al origen del concepto, remontándose a la Antigua Grecia. En esa época se hablaba de dos tipos de felicidad : el hedonismo, y la eudemonía.

La palabra hedonismo es de origen griego, y se compone por el prefijo hedone (placer) y el sufijo ismoque (doctrina). Como bien lo dice su nombre, consiste en una doctrina filosófica que coloca al placer como el bien supremo de la vida humana. El hedonista siempre busca acercarse al placer y alejarse del dolor.

Si bien fueron los griegos quienes mayormente desarrollaron el concepto, esta doctrina se origina incluso antes. Los antecedentes se remontan a la escuela filosófica Chárvaka, en India del siglo XI a. C., tiempos en los cuales postulaban que la felicidad existía en la medida en la que se pudiese pasar la mayor cantidad de tiempo disfrutando de los placeres sensoriales. Como ejemplo, hablaban del goce que les generaba una deliciosa comida, la compañía de jóvenes mujeres, el uso de finas ropas o de exquisitos perfumes. Para ellos, nada que implicase deprivación o penitencia contribuía a este tipo de vida[3]. Por lo mismo, Aristóteles consideraba que una vida hedónica, meramente basada en el placer personal, era primitiva y vulgar.

Para el hedonismo, la felicidad es sinónimo de placer.

Este estilo de vida suele parecer atractivo para muchos, al menos a primera vista. Pero como dice Aristóteles, más que una vida feliz, es una vida fácil. Además, si bien puede ser un fin en sí mismo, no es estable en el tiempo, tampoco es algo propio del hombre (cualquier animal puede sentir placer) y muchas veces no depende de uno –características que para él son fundamentales acerca del propósito humano--. Por eso Aristóteles la desechó como opción filosofía de la felicidad, eligiendo la eudemonía en su lugar.

Eudemonía

Bienestar, florecimiento, plenitud o felicidad plena

Esta palabra —difícil de deletrear, pronunciar y entender— etimológicamente se compone de las palabras *eu* (bueno) y *daimon* (espíritu), y hace referencia al bienestar, que incluye tanto la felicidad, vista como placer sensorial, como la plenitud, entendida en su dimensión espiritual.

Este término atraviesa toda la Antigüedad Clásica y queda rezagado durante la Edad Media (época en la que impera casi sin contrapartida el dogma católico), pero aparece de nuevo cuando el sistema de pensamiento del catolicismo medieval se fisura —entre los siglos XII y XIII— y surgen los primeros filósofos humanistas del Renacimiento, situando al ser humano al centro de la vida. Esto último no supone negar la existencia de Dios, sino que es una relación no dogmática con la fe. A partir de ahí, la idea de felicidad es incorporada al repertorio filosófico del pensamiento ilustrado: Jean-Jacques Rousseau, Diderot, Kant, Condorcet, todos sostienen la idea de la perfectibilidad de la persona, esto es, que la humanidad puede, progresivamente y a través del uso de la razón, dirigirse hacia su propia perfección: la eudemonía.

Consiste en una vida bien vivida, tanto para uno como para quienes nos rodean. Es aquella felicidad propiamente humana, que no solamente nos invita a vivir una vida placentera desde lo sensorial, sino que también incluye el bienestar en su dimensión más espiritual. Se trata de una felicidad que da sentido a nuestras vidas[4], en la cual no basta con procurar mi propio bienestar, sino que va más allá.

Si la felicidad hedónica se reduce a un sentirse bien, la eudemonía se define como ser y hacer el bien.

La eudemonía transcurre en el hacer, en la experiencia humana en relación a nosotros y a los demás. Radica en nuestras acciones virtuosas y no en el mundo de las ideas, como afirmaba Platón. Somos felices cuando somos justos, solidarios, generosos, tolerantes, promovemos la igualdad, la belleza y, sobre todo, el amor y la bondad.

No basta, por lo tanto, saber cuál es el fin último de los seres humanos, sino que lo importante son las acciones que emprendemos para llegar a él. Pero no cualquier tipo de acción, sino que debe tratarse de aquellas virtuosas que nos conducen a obrar correctamente.

Aristóteles piensa que una vida virtuosa no es algo reservado solo a aquellos personajes importantes que ostentan cargos de poder o que han logrado grandes hazañas. En su concepto, cualquier forma de servicio a los demás tiene la potencialidad de ser una actividad acorde con la virtud.

Para el filósofo griego la eudemonía es un fin en sí mismo: es el bien supremo de la vida. Es aquello que las personas escogen antes que cualquier otra cosa, a diferencia, por ejemplo, de la riqueza, el éxito profesional o el poder, que son deseados como medios para alcanzar ese fin, pero no como fines en sí mismo. Este tipo de felicidad, cuando está presente, nos hace sentir completos, es decir, que en cierta medida estamos viviendo de la manera que hemos de vivir. Como si sintiéramos una certeza profunda de estar haciendo lo correcto y estar transitando por el camino que es propiamente nuestro.

A diferencia del mero placer, la felicidad que proviene de la eudemonía tiene un efecto duradero, pues es un estado que se mantiene en el tiempo. Alcanzarla requiere de un proceso de reflexión por el cual integramos acontecimientos que ocurren en distintos momentos, pero que dotan de sentido a nuestra vida, aunque haya esfuerzo o dolor de por medio[5]. Por ejemplo, una persona que está haciendo un doctorado muy exigente, en un país extranjero, sin dominar bien el idioma y que por eso tiene que esforzarse dos o tres veces más para estar a un nivel aceptable, decide tomar este camino que es mucho más difícil que estudiar en su propio país por la satisfacción que le genera el alto nivel de exigencia académica pues lo considera mucho más formativo, además del hecho de vivir en otro país.

Quizá lo que más distingue a la eudemonía de otras formas de concebir la felicidad, es que trasciende al individuo mismo. Supone esa necesidad de amar o entregarse más allá de uno mismo, de lo físico o lo que puede ser comprensible a través de la razón.

Por eso mismo, Aristóteles consideraba que la eudemonía era la auténtica forma de felicidad, la más noble y honorable de todas.

> La eudemonía es la felicidad del alma.

Lamentablemente, a partir del siglo XX este concepto desaparece como tal, y la felicidad queda más bien reservada a la esfera de lo individual, en el sentido de una relación armónica del sujeto con el mundo, basada en la satisfacción de necesidades y en el placer.

En la sociedad de consumo en la que vivimos, existe una mayoría que tiene como prioridad satisfacer sus necesidades y deseos personales, y sin que el bienestar de los demás sea relevante para alcanzar su cometido.

El gran problema con este estilo de vida, es su extremismo conceptual, pues relaciona equivocadamente las nociones de placer y dolor: asimila al esfuerzo con el dolor, y al ocio con el placer[6], como si fuese imposible encontrar satisfacción en el esfuerzo o hastío en el ocio.

Esto hace del consumista un esclavo del mundo con un ideal de felicidad que finalmente se ve truncada, pues este tipo de vida no conduce a la verdadera felicidad. Un estilo de vida con estas características representa un problema, o al menos un desafío para la sociedad actual, pues un tipo de vida así no conduce a un mayor bienestar individual, ni contribuye a construir una sociedad mejor.

¿Qué dice la ciencia?

Si bien la idea de eudemonía me parecía bastante coherente con el tipo de felicidad que buscaba, era importante entender qué decía la ciencia más reciente para lograr obtener una visión completa de lo que estaba aprendiendo y así poder confirmar todo aquello que señalaban los griegos. Veamos, a continuación, lo que señalan distintas ciencias al respecto.

Psicología humanista

 El psicólogo humanista Abraham Maslow (1908, Brooklyn) desarrolló el concepto de la felicidad a la luz de las necesidades humanas. La jerarquía, representada en la forma de una pirámide, sitúa las necesidades humanas desde las más básicas a las más elevadas. Para construirla, parte de la premisa de que todo sujeto que puede desarrollarse libre y armoniosamente en su vida (considerando el contexto político y social del entorno), busca naturalmente satisfacer sus necesidades.

Cada necesidad es representada por un nivel en la pirámide, y el ascenso se puede ir logrando a medida que nos vamos desarrollando física, psicológica y espiritualmente[7]. Las necesidades fisiológicas —también denominadas necesidades básicas— predominan en la infancia y la primera niñez. Las necesidades de seguridad, pertenencia y autoestima, llamadas intermedias, prevalecen en la última etapa de la infancia y en la primera etapa de la edad adulta. Y las de autorrealización y trascendencia —llamadas más elevadas o espirituales— aparecen en la edad adulta[8].

Pirámide de Maslow

Necesidades humanas

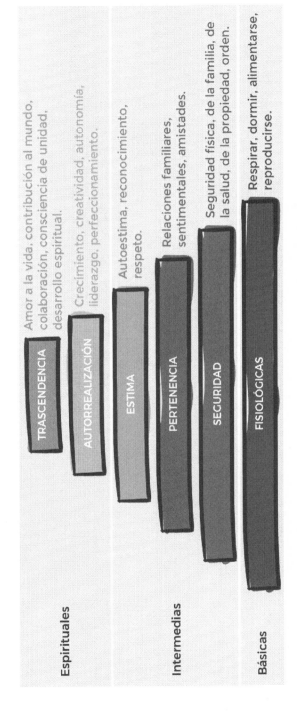

Espirituales

TRASCENDENCIA — Amor a la vida, contribución al mundo, colaboración, consciencia de unidad, desarrollo espiritual.

AUTORREALIZACIÓN — Crecimiento, creatividad, autonomía, liderazgo, perfeccionamiento.

ESTIMA — Autoestima, reconocimiento, respeto.

Intermedias

PERTENENCIA — Relaciones familiares, sentimentales, amistades.

SEGURIDAD — Seguridad física, de la familia, de la salud, de la propiedad, orden.

Básicas

FISIOLÓGICAS — Respirar, dormir, alimentarse, reproducirse.

La felicidad

Maslow tenía claro que los seres vivos buscamos preservar nuestra vida, y por eso situó la necesidad de sobrevivencia como la más básica de todas[9]. Pero también sabía que los seres humanos buscamos un crecimiento constante, físico, emocional y espiritual. Ahí radica la importancia de desarrollarnos en todos los ámbitos de la vida para alcanzar lo que, para él, es la verdadera felicidad.

Durante gran parte de su carrera profesional, Maslow postuló que la necesidad más elevada del ser humano era la autorrealización, entendida como la necesidad de las personas de perfeccionar al máximo sus capacidades, incrementando el uso de sus habilidades, fortalezas y potencial en general. No obstante, en la última etapa de su carrera, agregó un nivel más elevado que la autorrealización: la trascendencia.

Agrega que después de satisfacer las necesidades fisiológicas, de seguridad, pertenencia y autoestima, pronto se desarrolla un nuevo descontento o inquietud, que solo se puede superar si logramos hacer aquello que estamos potencialmente capacitados para hacer y ponerlo al servicio de los demás. Como él mismo lo describe, un músico debe hacer música, un artista debe pintar y un poeta debe escribir si quieren estar en paz consigo mismos. Un ser humano debe ser aquello que puede ser[10], y luego debe ponerlo a disposición de los demás.

Los trabajos de Maslow se encuentran dispersos en diferentes fuentes. Por esa razón, la gran mayoría de su material no llega a mostrar sus hallazgos sobre la trascendencia, y las imágenes disponibles sobre la pirámide, en general, no llegan a mostrar ese nivel, sino que se detienen en la autorrealización.

Psicología positiva[11]

La psicología positiva es una ciencia reconocida formalmente hace dos décadas. Tiene por objeto comprender y describir cómo podría cultivarse la felicidad y el bienestar en general en las personas, lo cual la diferencia de la psicología cognitiva, que se centra únicamente en las enfermedades de las personas. Ha sido el área de la ciencia que más ha desarrollado la temática de la felicidad en el último tiempo. Si bien no utilizan exactamente la palabra eudemonía, sí recogen sus principios. Para referirse a ella usan las nociones de bienestar, florecimiento, plenitud, auténtica felicidad o felicidad plena.

Importantes referentes como Martin Seligman, Carol Ryff, Mihaly Csikszentmihalyi y Tal Ben-Shahar, entre otros, han investigado y desarrollado contenidos muy valiosos en relación al bienestar de tipo subjetivo, entendido como la evaluación que la persona hace de su propia vida. Es decir, tendente a determinar cuán feliz uno cree que es[12].

El psicólogo y cofundador de la psicología positiva Martin Seligman —quien desarrolló la teoría Perma o del Bienestar[15]— plantea que la auténtica felicidad es aquello que la gran mayoría de las personas, libres y sin sufrimiento, anhelan para su vida. Para Seligman la felicidad es un fenómeno complejo que se compone de maximizar las emociones positivas (la dimensión hedonista de la felicidad), pero también de otros elementos que se asimilan al concepto de eudemonía, como el compromiso con lo que hacemos, las buenas relaciones, la autorrealización y el sentirnos parte de algo más grande que nosotros mismos.

En esta misma línea, el profesor universitario Tal Ben-Shahar —reconocido como uno de los expertos mundiales en felicidad, y quien dicta uno de los cursos más populares de la Universidad de Harvard— tiene la más profunda convicción de que una vida de florecimiento se alcanza teniendo una vida que contribuya a nuestro bienestar personal y al de los demás[16]. Para Ben-Shahar, las necesidades básicas, intermedias y espirituales son igualmente importantes. Tanto una persona que no tiene un sustento de vida, como quien vive en absoluta soledad o de manera egoísta, no tienen posibilidad alguna de ser feliz.

Ben-Shahar basa su teoría de la felicidad en dos fuentes: la teoría de Sigmund Freud y su principio del placer, y de Viktor Frankl y su principio del sentido de la vida como principal causa de bienestar y motivación humana, siendo la suma de ambas la verdadera eudemonía. Por otro lado, reafirma que una vida en la cual buscamos trascender, intensifica nuestra sensación de placer en todo lo que hacemos.

Las neurociencias

El concepto de eudemonía encuentra su explicación más racional en el funcionamiento de nuestro propio cerebro. Distintos estudios del área de las neurociencias han logrado demostrar que el cuerpo humano tiene la capacidad de liberar, básicamente, cuatro tipos de hormonas que contribuyen a que nos sintamos felices: las que promueven nuestro bienestar individual, dentro de las cuales se encuentran las endorfinas y la dopamina, y las que promueven el bienestar colectivo, entre las cuales se encuentran la serotonina y la oxitocina.

Hormonas que promueven nuestro bienestar individual:	Hormonas que promueven el bienestar colectivo o más allá de uno mismo:
Contribuyen a nuestra sobrevivencia, como por ejemplo conseguir abrigo y alimento, y de llevarnos donde nos propongamos ir. Están presentes en todos los animales.	Revelan nuestra naturaleza como seres sociales y son las encargadas de hacernos progresar como especie. Explican nuestro deseo de querer pertenecer, sentirnos queridos y trascender. Solo se encuentran en los seres humanos.
Endorfina: contrarresta el sufrimiento corporal aumentando nuestra capacidad física y nos lleva a resistir el dolor. Se obtiene, por ejemplo, al hacer deporte o al reírnos.	**Serotonina:** origina el sentimiento de autoestima, de sentirnos queridos y capaces de hacer grandes cosas. Refuerza los vínculos de intimidad y nos hace sentir responsables ante ellos. Nos llevan a valorar y promover nuestro entorno. Se puede aumentar al mantener una vida balanceada y saludable, buena alimentación y hacer ejercicios de meditación.
Dopamina: nos orienta hacia el cumplimiento de metas y el deseo de ser mejores. Mientras mayor sea el esfuerzo empleado para lograr un objetivo, mayor será la liberación de hormonas al alcanzarlo. Es altamente adictiva y se libera, por ejemplo, al comer.	**Oxitocina:** la llaman la "hormona del amor", pues nos incita a ser generosos y empáticos. Nos hacen sentir bien cuando somos solidarios y generosos, y también cuando otros son así con nosotros. Nos incita a colaborar, confiar, ser buenas personas y también fomenta un círculo virtuoso, pues mientras más hacemos por otros, más queremos seguir haciéndolo. Se promueve también a través del contacto físico, como al amamantar o darnos un abrazo[15].

Estas hormonas son tan poderosas, que cada vez que nos invade una emoción de alegría, es muy probable que se deba a que una o más de ellas circulan por nuestras venas. En cuanto a la duración de su efecto, difieren entre ellas: mientras las individuales son descargas muy intensas y cortas, las colectivas son duraderas y nos permiten alcanzar esa sensación de bienestar más estable y permanente en el tiempo, algo propio de la eudemonía.

Ahora que hemos profundizado en lo que significa la felicidad y sus dos grandes dimensiones, la pregunta que tenemos que hacernos es: ¿hemos estado buscando el placer o la eudemonía?

¿Ha destronado el dinero a la eudemonía?

CAPÍTULO III

¿Ha destronado el dinero a la eudemonía?

> *Espero que todo el mundo pueda llegar a ser rico y famoso, y que puedan comprar todo aquello que siempre soñaron, para que así se den cuenta de que esta no es la respuesta".*

Jim Carrey.

Una vez recorrido el trasfondo filosófico y científico de la felicidad, es necesario detenerse a analizar cómo hemos estado viviéndola en las últimas décadas. A veces siento como si fuésemos pelotas de tenis que chocan contra un frontón, una y otra vez, dominando la técnica pero sin llegar al otro lado de la cancha. Entrenamos, nos perfeccionamos pero nos quedamos en eso, en lugar de arriesgarnos y jugar el partido.

Lo que sucede en la sociedad de consumo en la que vivimos, es que hay un desequilibrio cada vez mayor entre lo que se cree y lo que es realmente la felicidad. Pensamos que tener más es lo que nos hará felices, y nos vemos atrapados en una dicotomía que hace que nos centremos en nosotros mismos, en querer, poseer y acumular más, alejándonos de lo que en verdad necesitamos.

Este escenario nos lleva necesariamente a revisar nuestra relación con el dinero y cómo, si bien puede ayudarnos a alcanzar nuestra felicidad, también puede alejarnos de ella.

Es innegable que existe una importante relación entre el dinero y el bienestar, pues es el medio que utilizamos para intercambiarnos bienes y servicios desde hace más de diez mil años[16]. Esta convención nace para suceder al antiguo sistema de trueque, y da paso a los consiguientes circuitos financieros y transacciones entre desconocidos, entre muchos otros beneficios. Por eso mismo, el dinero nos ha permitido potenciar las interacciones humanas, satisfacer las necesidades y aumentar significativamente nuestro bienestar, llevándonos finalmente a ser más felices.

Pero esta premisa, que puede sonar muy obvia y redundante, se ha ido desvirtuando en los últimos siglos. El dinero ha pasado a ser un fin en sí mismo más que un medio. El principio rector pasó a ser "mientras más dinero acumulo, más puedo consumir, y mientras más consumo, mayor debería ser mi bienestar". Es tan absurdo como pensar que vivimos para respirar, para alimentarnos o para dormir.

De lo anterior surgen las preguntas:

- **¿Desde cuándo comenzamos a considerar el dinero como la unidad de medida de nuestro bienestar?**
- **¿Cómo ha repercutido esto en nuestra felicidad?**

Veamos algunas explicaciones que nos pueden dar luces para responder estas preguntas:

El afán de acumular

Volviendo a la mirada de la evolución del ser humano, en los tiempos en que éramos cazadores y recolectores, la acumulación de alimento era crucial para nuestra supervivencia[17]. Resistir al invierno dependía de la cantidad de comida que se había logrado reunir durante el resto del año. Así, acumular se volvió parte de la estrategia de sobrevivencia.

Este hábito se ha mantenido hasta ahora. Sin embargo, si bien seguimos acumulando, ya no lo hacemos como un medio para asegurar la sobrevivencia. El dinero se ha convertido en el medio que nos asegura la sobrevivencia, pero en lugar de acumular para poder vivir, hemos pasado a adquirir el hábito de vivir para acumular.

De acuerdo al estudio realizado por Easterlin y Sawangfa[18], el dinero aumenta el bienestar de las personas hasta el punto de satisfacer necesidades básicas. No obstante, una vez que estas están cubiertas, nuestro bienestar ya no aumenta conforme lo hacen nuestros ingresos. Un incremento en los ingresos de aquellas personas que ganan entre seis mil y diecisiete mil dólares al año, implica un aumento correlativo de su bienestar, pero superado el umbral de los diecisiete mil dólares, dicha correlación comienza a disminuir, y ganar más dinero pasa a ser cada vez menos importante para la sensación de nuestro bienestar[19].

Nuestra errática capacidad de simular experiencias

En la charla TED "La sorprendente ciencia de la felicidad", Dan Gilbert, psicólogo de la Universidad de Harvard, explica cómo nuestras creencias sobre aquello que nos hace felices son generalmente erradas[20]. Relata que la corteza prefrontal de nuestro cerebro tiene, entre otras funciones, la capacidad de crear un simulador de experiencias que nos permite imaginarlas o visualizarlas antes de que sucedan en la vida real. Es una facultad que, en ocasiones, puede resultar muy útil, pues nos inhibe de situaciones que pueden ser potencialmente perjudiciales (como evitar que nos lancemos a nadar en un río en pleno invierno), pero en otras, nos puede inducir a cometer errores.

Para demostrar lo anterior, Gilbert invitó al público presente en su charla a realizar el siguiente ejercicio. Les mostró en la pantalla gigante del estudio dos escenarios distintos: el primero de una persona que se ha ganado la lotería, y el otro de una persona que ha quedado parapléjica tras un accidente automovilístico. El ejercicio consistía en que el público tenía que elegir rápidamente a quien creían que era más feliz, comparando a los individuos en ambos escenarios. Para ello, solamente contaban con la información de este hito en sus vidas y con el dato de que ambos personajes poseían el mismo nivel de felicidad, comparativamente, antes del episodio.

A primera vista, era predecible que el público elegiría la vida del ganador de la lotería como aquel más feliz y, de hecho, así fue. Pero cuando Gilbert procedió a mostrar la vida de los sujetos un año después del evento, las percepciones del público cambiaron radicalmente: ambos gozaban de exactamente el mismo nivel de bienestar que mantenían antes del suceso de la lotería o del accidente.

Gilbert explica que esto se debe a que los momentos de placer o hedonismo —como ganarse la lotería o comprar una casa nueva— aumentan nuestro bienestar solo por un corto lapso de tiempo. Según sus estudios, la sensación de alegría de un evento placentero, dura máximo un mes, y eso explica cómo, luego de un año, ambos personajes volvieron al mismo estado de bienestar que tenían antes del suceso[21]. Si el ganador de la lotería era una persona infeliz antes de ganarla, lo más probable es que siga así. Lo que concluye Gilbert, es que el peso relativo que tienen este tipo de momentos de altas descargas de placer no son lo suficientemente poderosos como para modificar nuestra realidad, aunque el simulador de experiencias nos quiera hacer creer que sí.

Esto nos sucede constantemente, por algo existe el dicho "el pasto del vecino siempre es más verde". También es un problema para quien está en la otra cara de la moneda, es decir, para quien es juzgado de acuerdo a su situación económica. Conozco el caso de Alan, un joven de veintiocho años que heredó una importante fortuna de su abuelo. El monto que es considerable y, en la práctica, no necesitaría trabajar un día más de su vida para mantener su nivel de gastos. A los ojos de todos, su situación parece envidiable. Si bien es cierto que tiene su "vida asegurada", él igualmente quiere ser productivo, tal como sus amigos, pero su entorno no lo toma muy en serio, ya que no entienden para qué quiere trabajar si no tiene necesidad de hacerlo.

Quienes conocen a Alan asumen que vive una vida feliz, sin embargo, él no piensa lo mismo. Él solo quiere tener una vida normal, algo por qué levantarse cada mañana y sentirse orgulloso de sus propios logros. Siente un vacío enorme y, dado que nadie lo toma en serio, ha llegado a dudar de sus propias capacidades. No se atreve a intentar nada nuevo y se siente frustrado. Me cuenta que, a veces, hubiese preferido seguir viviendo la vida que tenía antes, y que nadie notara la herencia que recibió. A diferencia de lo que todos imaginan, en el caso de Alan, el dinero ha generado un mayor vacío que otra cosa.

Ingenuidad comunicacional

Esa misma voracidad de tener dinero y poder consumir más y más, ha sido también alimentada por toda la información que recibimos en los medios de comunicación y redes sociales. Creemos en todo aquello que nos dicen, como por ejemplo, cuando nos muestran que existe un acondicionador que dejará nuestro cabello como nuestra actriz favorita, la bebida energética que nos convertirá en los mejores futbolistas y las vacaciones perfectas que resolverán todos nuestros conflictos familiares. Estamos dispuestos a pagar por prácticamente cualquier producto que nos prometa alcanzar la anhelada felicidad... y los que se dedican al marketing lo tienen muy claro.

Hemos dejado que el contenido publicitario dicte las pautas de nuestra felicidad, aun cuando sabemos que estos comerciales no tienen por objeto educarnos, sino vender algún producto, cualquiera que éste sea. Lo mismo sucede con las redes sociales: no tienen por objeto mostrarnos la realidad de la vida de nuestros amigos o cercanos, sino que solo aquellos pequeños y maquillados extractos de cotidianidad en los cuales todos quieren verse o aparentar estar de maravilla cuando no lo están. Mientras más carentes estamos, más queremos demostrar lo contrario. Sabemos que es así, porque caemos en hacer el mismo engaño. Aun así, sabiendo que es todo una farsa, nuestra inseguridad nos lleva a alimentar un nivel de ansiedad y frustración que nos agobia.

Los colaterales del dinero

Lo que muchos no han interiorizado aún es que el consumismo y el materialismo, en general, pueden ir en nuestro propio desmedro. Su efecto en nosotros no es indiferente. Una serie de estudios ha puesto en evidencia cómo las aspiraciones materiales pueden incluso disminuir nuestro nivel de satisfacción con la vida[22]. Una investigación realizada por Seligman y Diener en Estados Unidos durante 2004, demuestra que las personas materialistas tienden a restarle importancia a sus relaciones interpersonales y a estar constantemente disconformes con su nivel de ingresos[23].

Un estudio de similares características, en el cual se investigaron los casos de distintos ganadores de la lotería, evidenció que aquellas personas con poder adquisitivo prácticamente ilimitado tendían a disminuir su disfrute de las cosas simples de la vida[24], pues van de a poco perdiendo su capacidad de asombro. A eso se le suma el hecho de que suelen dar por sentado cada privilegio que gozan, perdiendo la gratificación propia que genera el ser agradecido.

Otra investigación del psicólogo estadounidense Tim Kasser, demostró que las personas con valores aspiracionales (los relativos al dinero, el estatus social y el poder) acarrean un riesgo superior de depresión y son más propensos a trastornos mentales[25]. Kasser afirma que el materialismo produce menores niveles de bienestar porque se asocia a bajos niveles de autoestima, empatía y motivación intrínseca, así como a altos niveles de narcisismo y de comparación social, que traen aparejados mayores conflictos en las relaciones interpersonales[26].

Como se puede apreciar, los estudios en esta línea abundan, y aun así la creencia social de que el dinero es lo que nos hace felices, sigue profundamente arraigada en nuestra cultura. Muestra de ello es que, a pesar de que cada generación ha sido más rica que la anterior, los índices de bienestar no hacen más que empeorar[27].

El reconocido psiquiatra chileno Ricardo Capponi, busca dar una explicación a este fenómeno humano por el cual siempre queremos más, aunque esto no nos haga más felices, que denomina "adaptación hedonista". Capponi señala que nuestros órganos sensoriales, los que nos permiten sentir placer, están hechos para que un estímulo repetido pierda fuerza en el tiempo. Es como si el órgano se cansara y dejara de estimularse con cada repetición. Por mucho que nos encante el chocolate, si lo comemos todos los días, a toda hora, dejaría de producirnos el mismo nivel de placer que inicialmente.

Eso mismo ocurre con las posesiones materiales. Añoramos tener nuestro propio auto y, luego de que lo conseguimos, queremos cambiarlo por otro de mejor marca o por un modelo más nuevo. Si nos encantan las zapatillas, no basta con tener tres pares distintos, siempre deseamos comprar el último modelo. No nos basta con salir de vacaciones, estas tienen que ser cada vez más sofisticadas y lujosas para que nos generen adrenalina.

La adaptación hedonista hace que nos acostumbremos con rapidez a lo bueno. A medida que vamos acumulando, las expectativas aumentan, y aquello por lo que se ha luchado tanto ya no nos brinda la misma satisfacción que solía darnos. Para obtener el mismo nivel de placer que en la experiencia inicial, se necesita ir acrecentando la dosis de aquello que dio satisfacción y, por lo tanto, más dinero.

Y tener que ganar más para gastar más conlleva importantes costos personales: menos tiempo con la familia, angustia, estrés y deudas, entre otros males.

La situación que describimos nos lleva a sentirnos cada vez menos libres. Lo único que queda es seguir comprando para aplacar la angustia que produce la abstinencia. Creemos que comprar es lo que llenará ese vacío, pero lo único que logramos con eso es llenar espacio físico, en circunstancias que el vacío es espiritual.

Para Eckhart Tolle[28] la gran liberación del materialismo viene con el reconocimiento de nuestro propio ego o de ese "falso yo" que nosotros mismos hemos creado para protegernos de las agresiones del mundo. Para Tolle, la fuerza que motiva el comportamiento del ego es siempre la misma: la necesidad de sobresalir, de tener poder, de recibir atención y poseer más. Además, el ego nunca es autosuficiente, siempre desea algo de los demás o de las situaciones. Utiliza a las personas y los contextos para obtener lo que desea, pero la brecha entre lo que desea y lo que se tiene nunca se elimina, por lo que se convierte en una fuente constante de desasosiego y angustia.

En nuestra cultura, vivir para poseer más es una realidad cotidiana y se ha vuelto el estado normal de muchas personas. La vida es vista como una contrariedad, y vivimos en un constante resolver problemas para alcanzar, en un futuro, la tan anhelada felicidad que, finalmente, nunca llega.

Volveremos a este tema más adelante, pero lidiar con este "otro yo" o "sombra" que todos tenemos, en menor o mayor medida, no es algo simple.

¿Puede el dinero comprar nuestra felicidad?

La publicidad de la tarjeta de crédito Mastercard quedó grabada en la cabeza de muchos que, como yo, seguro la recuerdan hasta el día de hoy. Decía: "La felicidad no se puede comprar… para todo lo demás, existe Mastercard". Qué sabias palabras.

La felicidad no se puede comprar, eso es seguro, pero eso no quita que la forma en cómo invertimos o gastamos nuestro dinero sí pueda incidir en ella. De hecho, si lo gastamos en experiencias compartidas con otros o con el objeto de mejorar la vida de los demás, nuestra felicidad probablemente sí aumentará[29].

Esta hipótesis se confirma si observamos el creciente aumento que ha tenido en los últimos cincuenta años la filantropía y otras conductas altruistas que fomentan la solidaridad, así como nuevas formas de hacer negocios más conscientes de sus impactos y de la ética empresarial. Ejemplo de ellos son el movimiento The Giving Plegde[30], las inversiones de triple impacto, fondos de inversión social, empresas B y la banca ética, entre muchas otras.

Es difícil demostrar que lo anterior es cierto, ya que no tenemos forma de medir con exactitud hasta qué punto los actos altruistas aumentan nuestro nivel de felicidad. En cambio, medir utilizando el dinero como parámetro es mucho más fácil. Por ejemplo, es más simple calcular el valor de mi casa por su precio de venta que por el bienestar que me genera a mí y a mi familia vivir en ella. Lo mismo sucede con el trabajo: es más sencillo evaluar una oferta de trabajo por el sueldo que nos pagan que por la calidad humana de nuestros futuros colegas. Y es justamente este análisis simplista de la vida el que nos ha llevado a medir el éxito, la felicidad y la vida, en general, a través del dinero.

Pero, ¿qué pasaría si pudiésemos medir el nivel de nuestra salud, cuánto nos quieren nuestros amigos o la calidad de nuestra relación de pareja? ¿Admiraríamos más a las personas que ostentan altos indicadores de estos atributos o a quienes tienen más dinero?

Imaginémonos por un minuto la escena en la que un grupo de excompañeros de colegio —que ahora bordean los sesenta y cinco años— se reúne a repasar su vida, prometiéndose absoluta honestidad en lo que van a compartir con sus compañeros de la vida. Para efectos de este ejercicio, vamos a suponer que los atributos realmente importantes para el bienestar son cuantificables numéricamente en una escala que va de uno a mil.

Comienza el encuentro y estas son las conversaciones que surgen:

1) César, comerciante, casado, el más alegre del grupo, cuenta que se siente plenamente realizado en la vida. Tiene cuatro hijos y diez nietos. Con sus ahorros, más la venta de su minimarket, se compró un campo en las afueras de la ciudad en la cual lo visita su familia fin de semana por medio. Además, en verano todos van a instalarse con él y su señora durante un mes completo. Tiene un grupo con el que sale cada jueves por la mañana a hacer caminatas al cerro, y participa activamente en los programas para adultos mayores que ofrece la junta de vecinos. La salud de César está en perfectas condiciones, por lo que está planeando emplearse en algo.

2) *Ester, ingeniera, soltera,* era la más coqueta e interesante del curso. Hizo una carrera brillante en una empresa multinacional de cosmética. No pudo tener una relación amorosa estable, pues su profesión le demandaba viajar fuera del país constantemente. Cuenta que hace dos años decidió finalmente adoptar dos hermanos haitianos. Tenían cinco y siete años cuando los recibió. La maternidad la llenó de vitalidad, y con eso comenzó una vida diferente, llena de actividades y amistades nuevas. Con las apoderadas del curso se turnan para ir a buscar a los niños al colegio, salen religiosamente todos los jueves a un happy hour, y cada tanto organizan un viaje en conjunto fuera del país. Además, hace unos meses participa en un equipo de runners en el que conoció a un hombre más joven que ella, y aunque le dio algo de pudor, aceptó su invitación a salir. Ahora está muy activa buscando a alguien que la ayude en el cuidado de sus hijos, ya que con la hernia que tiene en la espalda le resulta casi imposible seguirles el ritmo.

3) *Rafael no terminó sus estudios,* pues decidió emprender muy joven. Es buen amigo pero algo soberbio, por lo cual, cuando le toca hablar, no escatima en partir contando lo que ya todos saben por la prensa: que su imperio del retail sigue expandiéndose, por lo que ahora abrirá nuevas tiendas también en Perú. Su nombre es recurrente en las listas de los hombres más acaudalados de la región y, cada tanto, aparecen fotos de sus propiedades en Nueva York o Milán en las revistas de decoración. Se ha casado y divorciado tres veces, y se acaba de comprometer con una mujer treinta años menor. Cuenta que por ningún motivo quiere tener más hijos. Le basta con los cinco que ya tiene, y que solo lo llaman para pedirle dinero. Agrega que, más que eso, lo que le molesta es que ninguno se comprometa con el futuro del negocio y está pensando en amenazarlos con desheredarlos si no se comportan con seriedad. El próximo mes tendrá que viajar a hacerse chequeos a Atlanta, ya que su diabetes sigue avanzando con bastante mal pronóstico.

Ahora que conocemos las historias de César, Ester y Rafael, veamos cómo son los resultados de bienestar para cada uno de ellos, tomando en consideración solo aquello que han dicho en la reunión:

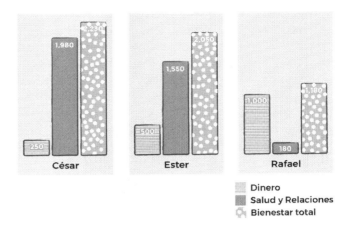

César   Ester   Rafael

Dinero
Salud y Relaciones
Bienestar total

Si miramos el indicador del dinero de manera aislada, sin duda, Rafael tendría la vida más deseable. Pero si sumamos al indicador del dinero, el de salud y relaciones, el escenario cambia por completo: Rafael no sería tan admirado como lo es actualmente. César y Ester tendrían un bienestar casi el doble que el de Rafael.

Pero, ¿necesitamos realmente una medición cuantitativa para darnos cuenta de qué vida es mejor para nosotros, o podemos arribar a la misma conclusión si nos conocemos mejor y usamos la consciencia para orientar nuestras decisiones? Quizá podremos responder a esta pregunta más adelante.

¿Y ahora qué?

Estaba muy contenta de estar respondiendo a varias de mis preguntas. Ya tenía más claro el "por qué" de la vida, y sentía que esta felicidad que buscaba se parecía muchísimo más a la eudemonía que a cualquier otra cosa.

Si bien sentía los avances, tenía la sensación de que esto era solo el comienzo. Si el dinero, el poder y la fama no me conducirían a la felicidad que estaba buscando, ¿qué tenía que buscar? ¿A qué se refería Aristóteles cuando hablaba de la felicidad del alma? Todo parecía indicar que estaba a punto de encontrarme con un nuevo mundo, hasta entonces absolutamente desconocido para mí. Algo menos racional y más espiritual estaba por venir.

Vacío existencial

CAPÍTULO IV

Vacío existencial

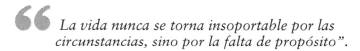 *La vida nunca se torna insoportable por las circunstancias, sino por la falta de propósito".*

Viktor Frankl.

Hasta aquí había logrado comprender que existía una brecha entre la forma en la que estaba viviendo, y aquella que necesitaba vivir para sentirme completa.

 Durante un almuerzo familiar —esos infaltables de los días sábado— le comenté a mi cuñada psicóloga acerca de este vacío que estaba sintiendo, y me recomendó que leyera el libro de Viktor Frankl *El hombre en busca de sentido*[31]. Le pareció extraño que no lo hubiese leído, pues es un clásico de todos los tiempos y un relato muy importante para el pueblo judío. Así que, sintiéndome bien avergonzada, partí en seguida a leerlo.

Viktor Frankl (1905, Viena, Austria), neurólogo y psiquiatra austríaco, fue sobreviviente del Holocausto durante la Segunda Guerra Mundial. En su libro, cuenta de manera autobiográfica su experiencia en el campo de concentración en Auschwitz, tiempo en el cual fue sometido a trabajo extremo, tortura, hambre y separación de su familia, además de presenciar infinitas muertes.

A diferencia de la gran mayoría que estaba en su situación, Frankl logró sobrevivir. Cuando le preguntan a qué le atribuye el que haya logrado soportar tanto sufrimiento y por tanto tiempo, él responde haciendo alusión a esa capacidad de aferrarse a lo realmente importante de la vida: a su propósito. Frankl señala que para aquellos compañeros de desventura que no lograron sobrevivir, acuñó el término "vacío existencial", que describe como un sentimiento desgarrador que hace que la vida no tenga ninguna razón de ser. Un lugar donde solo hay sufrimiento y desconexión con el mundo exterior, y que hace que uno pierda las fuerzas para aferrarse a la vida.

La situación que describe Frankl en su libro es de las más extremas que haya escuchado nunca. Ese sentimiento desgarrador que describía, cuando ya no había esperanza o razón para querer vivir, parecía ser el fin de la existencia, y no así la muerte, como era de suponer. Y por otro lado, dejaba entrever que cuando tenemos suficientes razones poderosas para querer vivir, no importa lo que suceda en el exterior, porque nuestra alma, espíritu, llama interior, energía, fuerza, o como la queramos llamar, nunca se apaga.

Guardando las proporciones en cuanto a las circunstancias, mientras leía su biografía no podía dejar de identificarme con esa sensación de vacío que describía Frankl cuando hablaba sobre sus compañeros que no tenían razón para aferrarse a la vida. En mi caso era diferente. Si bien tenía muchas razones —mis hijas, mi marido y mi familia, sin duda, lo más importante de mi vida— igualmente sentía ese vacío. Para mí, esa sensación era señal de que había algo más por qué vivir.

Era una vacío que estaba íntimamente vinculado a esa brecha en mi felicidad, una distancia que tenía más que ver con una necesidad espiritual que material. Como si hubiese un abismo entre estas dos dimensiones. Y con Frankl aprendí que esta necesidad espiritual no la sentía por ser yo particularmente especial. Él mismo señala que los humanos no somos solo seres biológicos, sociales y psicológicos, sino también seres espirituales capaces de trascender las limitaciones físicas a través del propósito de la vida y la espiritualidad[32].

Pero, ¿qué significaba esta dimensión espiritual del ser humano? Me costaba entenderlo. Me hacía sentido que hubiese algo más, aunque no lo podamos percibir por los sentidos o comprender a través de la razón. No es algo que siquiera tenga plenamente incorporado hasta el día de hoy, pero había una dimensión, algo oculta, que no tenía que ver con la religión ni con nada que conociera de antes.

Leyendo a distintos autores me vine a encontrar con la noción de "sentimiento oceánico", que ha sido, en mi caso, lo más elocuente para llegar a entender nuestro plano espiritual. Romain Rolland, escritor y Premio Nobel de Literatura el año 1925, acuñó el término en su correspondencia con Sigmund Freud hace casi un siglo[33]. He escuchado por ahí —pero no he podido confirmar la fuente oficial— que le puso ese nombre para referirse a la analogía de que "al igual que una gota en el océano, somos uno con el todo, en el cual cada persona es una gota y el océano es el universo."

Este sentimiento se manifiesta en cada uno de nosotros como la percepción de que las fronteras entre el yo y el mundo se diluyen, aunque sea por un instante. Esta fusión que se genera, nos permite captar el mundo como una totalidad orgánica, interdependiente y bella en sí misma. Nos cuesta advertir esta unidad, ya que confiamos demasiado en nuestros sentidos, pero la consciencia universal[34] no es perceptible por los sentidos ni comprensible por la razón. A esto se suma que vivimos vidas frenéticas que nos impiden la paz necesaria para sentir la conexión entre todo lo que existe.

Si bien la forma de lograr esta unidad es algo muy complejo y escapa a lo que estoy en condiciones de compartir, veremos más adelante —al desarrollar el concepto de trascendencia— que una de las formas de alcanzarla es a través de nuestro actuar, nuestra correcta forma de vivir y de relacionarnos con los demás[35].

Yo no era la única

Compartiendo mis emociones con los demás en diferentes cursos o charlas de propósito, logré encontrar a muchas personas que, al igual que yo, sentían un vacío y tampoco comprendían por qué lo sentían ni cómo llenarlo. En general, se trataba de gente que, al menos en apariencia, tenía una vida realizada pero, sin embargo, dejaban entrever que "algo" también les faltaba.

Veamos algunos ejemplos:

Ignacia, 45 años. Dermatóloga, casada hace 15 años, 2 hijos:
"Soy una mujer felizmente casada y madre de dos hijos. He sido bendecida con salud y estabilidad financiera. Estoy buscando formas de satisfacer un sentimiento inquietante. Es como un vacío en el centro de mi alma".

Juan Pablo, 35 años. Abogado corporativo, separado, 1 hijo:
"Se supone que he hecho todo correctamente; tengo una carrera que he desarrollado por muchos años y me va muy bien, pero hay una inquietud dentro de mí que me dice que hay algo más en esta vida".

Andrés, 24 años. Egresado de Ingeniería Comercial, soltero:
"Busco darle una dirección a mi vida, un sentido de propósito, algo que defina quién soy. Necesito algo más, no quiero hacer lo que otros esperan que haga, pero no sé cómo llegar allí".

Francisco, 60 años. Empresario del rubro inmobiliario, casado por segunda vez, cuatro hijos mayores de edad, recientemente abuelo:
"He sido feliz, no me puedo quejar. Con mucho esfuerzo he logrado una vida exitosa de la cual estoy muy orgulloso. Pero siento que debo dejar algo más a mis hijos y a las futuras generaciones. Me pregunto, ¿cuál será mi legado? ¿Por qué seré recordado? ¿Qué parte de mi va a trascender?".

Luz, 36 años. Arquitecta, casada, una hija, procedente de una familia muy religiosa:
"Siempre me he considerado una persona espiritual. Creo en algo superior, pero la religión no es el lugar donde siento que pueda encontrar las respuestas a mi razón de ser. Me gustaría vivir mi espiritualidad en conexión con los demás y a través de mi actuar. Siento que vivimos en un universo fragmentado, y el propósito es un camino para lograr la unión de nuestras almas con el Todo. Pero no sé si esto es posible".

***

Tratando de buscar patrones o pistas que me brindaran más información sobre las razones de esta crisis, no pude dejar de notar un par de cosas: todos estábamos más o menos en una etapa adulta de la vida, y teníamos aparentemente una "vida resuelta". Profundicemos acerca de estas coincidencias.

Etapas de la vida

Sobre el momento de la vida en el que aparece este vacío, todo indicaba que el deseo de búsqueda y de vivir una vida con propósito es algo que va evolucionando en conjunto con el desarrollo de nuestra propia identidad[36].

Si bien las personas pueden desarrollar la necesidad de encontrar el propósito a cualquier edad después de los doce años, esto se convierte en una búsqueda intencional una vez que se ha formado la consciencia identitaria que, en las sociedades modernas, se da generalmente en la temprana adultez[37] (entre veinte y cuarenta años). Esto pareciera ser de toda la lógica, pues es difícil orientarnos a aquello que queremos llegar a ser sin antes saber quiénes somos[38].

En la etapa media adulta (entre cuarenta y sesenta años) también puede reactivarse esta búsqueda intencional producto del cuestionamiento o la genuina preocupación que emerge por el legado que dejaremos en el mundo a las futuras generaciones[39].

Necesidades humanas

El nivel de satisfacción de nuestras necesidades más básicas también es importante para que pueda despertar este interés por el propósito de la vida. Como bien dice Maslow, si las necesidades de supervivencia no están resueltas, el único objetivo en la vida será enfocarnos en ellas. Efectivamente, si estamos pasando hambre o no tenemos un techo bajo el cual dormir, es entendible que toda nuestra energía se vuelque en mejorar estas carencias.

Para Roy Baumeister, psicólogo social que ha dedicado parte de su carrera al estudio del propósito, las personas en situaciones de desesperación no se encuentran en condiciones adecuadas para reflexionar sobre el significado de la vida. Cuando la supervivencia está en juego, el propósito de la vida es irrelevante. El autor señala que esta búsqueda es un dilema para quienes pueden dar por sentada su supervivencia, la comodidad, la seguridad y alguna medida de placer[40].

No intentaré en este libro tratar de comprender cuándo una necesidad está total o parcialmente satisfecha, pues es algo subjetivo[41]. Lo cierto es que, como dice Frankl, si bien siempre tendremos que luchar por sobrevivir, también debemos preguntarnos: "¿sobrevivir para qué?". Cada vez tenemos más medios para sobrevivir, pero menos razones para hacerlo[42].

Resumiendo un poco lo que venía diciendo, si bien esta crisis de propósito —o, por qué no decirlo, el inicio de un despertar— suele iniciarse en la adultez temprana y cuando nuestras necesidades más básicas están cubiertas, no todas las personas con estas características tienen que necesariamente pasar por ella. De hecho, según Bronk, solo una proporción de la población despierta a la necesidad e inquietud de vivir una vida con propósito[43].

De acuerdo con los estudios más recientes, un treinta por ciento[44] de la población demuestra un anhelo de vivir una vida con propósito con la llegada de la adultez temprana, y alcanza un cuarenta en el subconjunto de aquellos que están dentro del campo laboral[45]. En el caso de los jóvenes, solo un veinticinco por ciento demuestra este anhelo[46].

Que los miedos no interfieran

En el estudio titulado "¿Qué debiera hacer con mi vida?", el periodista y escritor norteamericano Po Bronson realizó una crónica basada en más de novecientas entrevistas a adultos que estaban buscando su propósito en la vida.

Bronson descubrió que un tema recurrente que impide que las personas logren transitar el camino de propósito, es el miedo. En su estudio, reunió las cuatro razones principales, todas relacionadas con el temor a algo[47]. Veamos a continuación cuáles son y cómo se pueden graficar en breves historias:

1/ El miedo a no poder discernir entre un verdadero propósito en la vida y un deseo aparentemente egoísta.

Javiera, tras graduarse de médica, descubre que, en realidad, su verdadera vocación consiste en ser pianista. Pero adoptar esa vía supondría abandonar todo lo que ha hecho hasta ese momento y defraudar esa causa que había abrazado por tanto tiempo, para comenzar desde cero y perseguir su pasión.

2/ El miedo a que esta búsqueda los aleje de sus seres queridos, en vez de acercarlos.

Rayén, madre de familia, es una joven y talentosa orfebre. Sus joyas de plata son muy cotizadas en el mercado internacional. Un grupo de jóvenes emprendedores mapuche que viven en California le proponen irse a Estados Unidos para darle una proyección internacional a su producción. Rayén sabe que el valor de sus joyas se multiplicaría por diez, y la idea le resulta muy atractiva. Sin embargo, ni siquiera contesta las llamadas por miedo a tener que dejar a su familia en Chile.

3/ El temor a que esta búsqueda no lleve a resultados prácticos, y que provoque pobreza en lugar de enriquecimiento personal y económico.

Max estudió Letras y Periodismo y siempre soñó con ser editor. Pero cuando su amiga Valentina le propone hacer una inversión para poner su propia editorial, Max piensa que perderá todos sus ahorros: decide no arriesgarse y mantener su trabajo como periodista.

4/ El temor por ver el propósito de la vida como algo misterioso y escaso, en lugar de algo concreto y generoso.

José, emprendedor tecnológico, es ateo. Cada vez que le hablan de espiritualidad o trascendencia, contesta que esas cosas no son para él, sino para personas santas como Sor Teresa de Calcuta o el Dalai Lama. Cuando su señora lo invita a un taller de meditación y autoconocimiento, él le responde que no entiende cómo el aislarse del mundo puede beneficiarlos, que es más productivo invertir ese tiempo trabajando y luego dar limosna a los necesitados de vez en cuando.

> *Tener coraje es ser valiente y tener miedo al mismo tiempo".*
> Brené Brown.

Lo que sería interesante descubrir es: ¿qué hacen quienes sienten ese vacío o necesidad de propósito en sus vidas?

En este momento, comienza una etapa de exploración que, como veremos en el próximo capítulo, puede iniciarse de distintas maneras.

CAPÍTULO V

El inicio de un camino

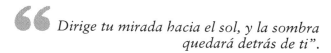 *Dirige tu mirada hacia el sol, y la sombra quedará detrás de ti".*

Proverbio persa.

Todo camino tiene un inicio, y el del propósito no es la excepción. Si bien no descarto que existan otras maneras, las formas más comunes para iniciar nuestro propio camino de propósito son las que profundizaremos a continuación:

1.Búsqueda activa

La forma más frecuente de iniciarlo es a través de la búsqueda activa, y aplica para quienes se deciden a tomar control sobre su vida y no descansar hasta llenar ese vacío que los aqueja. Esta consiste, como lo indica su nombre, en hacernos cargo de la necesidad de encontrar nuestro camino de manera proactiva. Se empieza por observar, buscar y experimentar nuevas oportunidades y contextos que nos parezcan atractivos y que activen nuestra curiosidad. Este estilo es muy propio de las personas con iniciativa propia, extrovertidas, curiosas, abiertas a explorar nuevas experiencias y que se mueven por objetivos claros[48].

Se trata de un ejercicio gradual de ensayo y error, en el cual vamos explorando actividades, grupos de amigos, trabajos y, en general, cualquier tipo de experiencia novedosa. La solidaridad, generosidad, colaboración o altruismo son virtudes que nos pueden abrir puertas para encontrarnos con nuevas vivencias que nos permitan conocernos mejor y reconocer aquellas actividades y ámbitos que nos pueden llegar a interesar. Por ejemplo, ofrecerse como voluntario en algún proyecto social, participar en actividades comunitarias en el colegio, la universidad o el barrio, ayudar a un familiar o amigo en su negocio o emprendimiento, son todas situaciones que nos sirven para activar nuestra búsqueda. Los viajes también pueden ser una gran oportunidad para lograr una apertura de mente y conocimiento de nuevas formas de vivir y concebir la vida.

Este proceso nace desde adentro hacia afuera, de la propia necesidad y madurez interior. No puede darse de manera forzada ni ser impuesto a quienes están en otras etapas y momentos de sus vidas. Por lo mismo, este deseo de explorar debe surgir de nuestra intención más verdadera y requiere determinación. También es necesaria la convicción de querer vivir una vida con propósito, aunque tome tiempo, aunque fracasemos en algunos intentos y aunque nuestro entorno nos haga sentir que somos unos idealistas o nos quieran convencer de que el esfuerzo, simplemente, no vale la pena.

En esta búsqueda, es frecuente que comencemos a reevaluar nuestros vínculos (como amistades y relaciones íntimas), aquello que estudiamos o el trabajo que realizamos. También nos replanteamos nuestra relación con el dinero, el poder, la fama y todas aquellas formulaciones preconcebidas sobre lo que se supone debe entenderse por éxito[49].

Vivir experiencias

La forma de encontrar aquello que nos brinda sentido, que nos mueve desde lo más profundo, requiere de una exploración previa del mundo en que vivimos. Un recorrido de nuevas experiencias que nos vaya revelando aquello que amamos hacer, nuestras fortalezas, cómo podemos aportar al mundo, y los valores e ideales que defendemos.

La palabra experiencia viene del latín *ex (fuera)* y *perior* (intentar, probar). Experiencia es, entonces, una relación entre el sujeto y el mundo externo. Por lo mismo, no se centra en nosotros mismos, sino en nuestra percepción de la realidad.

La experiencia implica un proceso de cambio o transformación. Después de una vivencia —sea buena, mala o regular— nunca volveremos a ser los mismos. Nos atrevemos a salir de nuestras cómodas certezas para aventurarnos en lo desconocido y novedoso. Para esto, es importante tener apertura a la experiencia, lo que supone una actitud abierta ante la vida y ante los acontecimientos que se presentan sin ninguna especie de prejuicio, y asumiendo la vivencia con tolerancia y sin cerrarla anticipadamente.

Atención: esta búsqueda no está reservada solo para aquellos que quieren cambiar el mundo. Las historias de búsqueda de propósito son, en su mayoría, de personas comunes y corrientes, como ustedes o yo; la única diferencia es que queremos hacernos cargo de nuestra vida, contribuir a algo más grande y replantearnos los cánones tradicionales del éxito.

La inspiración

Muchas veces esta búsqueda se inicia al observar a quienes admiramos, personas cuyas vidas desearíamos o que realizan una actividad que nos parece atractiva. Muchas veces ese examen de los demás, de aquellos que creemos que tienen una vida deseable o digna de imitar, nos invita a explorar en su misma dirección. También se puede dar el caso de que admiremos a personas que no conocemos directamente, pero cuya obra o actividad nos parece extraordinaria y nos hace sentir una consideración especial hacia ellas. Al admirar a alguien sentimos una mezcla de atracción y devoción, lo que nos lleva a reconocer valores y cualidades en otros que nos gustaría adoptar.

Durante los primeros ocho años de carrera tuve la oportunidad de trabajar con Ximena, una brillante abogada y con más de cuarenta años de experiencia en la profesión. Ella fue una inspiración para mí. Era la única mujer de la oficina que había logrado conciliar la excelencia profesional con su vida familiar. Nunca llegó a ser socia porque ella optó por no serlo, ya que tenía aptitudes de sobra para eso. En cambio, decidió trabajar una jornada más corta para poder pasar mayor tiempo con sus hijos.

Además de ser una excelente profesional era, sin duda, la persona más querida de la oficina. Nunca olvidaba un nombre ni un cumpleaños, y siempre tenía una palabra de aliento cuando veía que alguno de los jóvenes profesionales de la oficina tenía problemas. Ximena fue más que una inspiración, fue mi referente, mi pilar. Su ejemplo fue lo que me hizo perseverar en mi trabajo en los años de más intensa crianza de mis hijas, y me dio la valentía de pedir la disminución de mi jornada laboral. Ella me mostró que existían caminos diferentes a los que siguen todos los demás y, mejor aún, que cada uno se arma su propio camino.

Luego de esa etapa de mi vida, fue nuevamente una mujer quien inspiró mis próximos pasos. La primera vez que tuve el privilegio de participar en una actividad que organizaba la Comunidad Organizaciones Solidarias[50], me encontré con Alejandra, unas de las mujeres más extraordinarias que he conocido. Ella fue quien creó esta comunidad de fundaciones y corporaciones, y logró posicionarlas en el país como un actor relevante en la sociedad. Su convicción y profesionalismo, pero sobre todo la pasión con que comunica y contagia la conciencia social a su alrededor, me cautivaron por completo. Era tan auténtico lo que transmitía, que era impensable no sumarse a sus iniciativas.

Alejandra hizo revivir en mí todos los sueños de justicia y solidaridad de mi adolescencia. Me hizo volver a soñar y recordar qué es aquello que me generaba sentido. La idea de llegar a ser como ella me motivaba de una manera que ninguna abogada, jueza o política jamás estuvo cerca de hacerme sentir. Hice todo lo que estaba a mi alcance para conocer más de sus proyectos, incluso tuve la suerte de conocerla y compartir proyectos juntas con la aspiración de llegar a irradiar, algún día, la misma convicción y autenticidad que ella.

Test de inspiración:
- ¿Has conocido a alguien del que puedas decir "yo quiero esa vida para mí"?
- ¿Tienes algún familiar al cual respetas y te gustaría seguir su ejemplo?
- ¿Existe alguna persona que hayas visto o escuchado y sientes que todo lo que dice te hace sentido?
- ¿A quién, de entre tus conocidos, asocias con tu ideal de éxito?
- ¿Por qué admiras a esa persona?
- ¿Qué es lo que te inspira de ella?
- ¿Crees que puedes fijarte un objetivo y metas que te conduzcan en una dirección similar a esa persona?

2. Búsqueda reactiva

Esta búsqueda se origina producto de un dolor que nos ha tocado vivenciar y que nos acerca, directa o indirectamente, a la muerte. Se inicia como resultado de un acontecimiento traumático que, generalmente desde el sufrimiento, nos genera un vacío que cambia nuestras vidas para siempre. Esta búsqueda se puede gatillar con la pérdida de un ser querido, al enterarnos de que somos víctimas de una enfermedad terminal, al perder nuestro trabajo, sufrir un quiebre amoroso, vernos obligados a migrar a otro país, con el nacimiento o el sufrimiento de un hijo. Se trata de experiencias que nos sacuden tan profundamente que nos hacen reevaluar nuestras prioridades, objetivos, metas, identidad, valores y todo aquello que es realmente importante para nosotros.

A diferencia de lo que ocurre cuando nuestro proceso se inicia de manera activa —lo que supone un proceso largo de prueba y error— en la búsqueda reactiva este se inicia de manera mucho más abrupta y es más radical en su desarrollo, ya que no hay un proceso de reflexión previo, sino que un remezón repentino que nos mueve de tal forma que nos obliga a replantearnos a causa del dolor.

No es casualidad que las fundaciones que buscan resolver los asuntos más apremiantes y dolorosos de nuestra sociedad hayan nacido tras una historia de profundo sufrimiento por parte del fundador o su familia. Es en esa búsqueda reactiva que el sufrimiento les muestra que el camino para superarlo es mediante la ayuda a otros que padecen la misma desdicha.

La Fundación Nuestros Hijos fue creada en 1991 con el objetivo de asistir a niñas y niños aquejados de cáncer y de escasos recursos. Nació por iniciativa de un grupo de padres que vivieron la experiencia de cuidar o perder a un hijo enfermo de cáncer y que buscaron replicar el modelo de asistencia que recibieron en el Hospital St. Jude en Estados Unidos —líder mundial de atención e investigación del cáncer infantil— donde los tratamientos son totalmente gratuitos[51].

Lo mismo ocurre en los casos de la Fundación Alter Ego, que trata a niños con parálisis cerebral, y la Fundación Complementa, que se ocupa de niños con síndrome de Down, ambas fundadas por familias cuyos hijos han padecido dichas enfermedades. También la Fundación Ganémosle a la Calle, que apoya a niños en riesgo social a través del deporte, en recuerdo al hijo de los fundadores que fue un destacado deportista, o la Fundación San José, cuya creadora adoptó previamente un hijo y con su proyecto busca a acompañar a otras familias que deben pasar por el mismo proceso.

La historia de Carolina

Para mi amiga Carolina el fallecimiento de su madre activó su camino de propósito. Carolina era una muy buena abogada, responsable, íntegra, con excelentes relaciones y muy esforzada. En cuarto medio tuvo que elegir entre estudiar Medicina o Derecho, y me contaba que ella misma se reía de sus gustos divergentes. Pero su pasión no era ni lo uno ni lo otro. Para quienes la rodeaban, así como para ella misma, era evidente que su pasión era la naturaleza.

Trabajó durante diez años como abogada, hasta que un día le detectaron un cáncer fulminante a su madre. Recuerdo la tarde en la que me la encontré en la calle. Trabajábamos en el mismo edificio, pero rara vez nos encontrábamos ahí. Nos sentamos en la vereda y, llorando me contó la horrible noticia. El cáncer se encontraba en una etapa muy avanzada y a su madre le quedaban pocos meses de vida. Falleció apenas unos meses después de ese encuentro.

Este proceso fue transformador para ella y la llevó a cuestionarse el verdadero sentido de la vida. Se preguntaba cuál era el sentido de vivir a medias si, en cualquier minuto, lo más importante de la vida se nos podía ir. Y también: ¿cómo podemos disfrutar de la vida cada día y no vivir pensando que la felicidad es algo que llegará más adelante?

Pasó menos de un año cuando mi amiga se atrevió a dejar su vida bien establecida y decidió partir nuevamente desde cero, pero esta vez desde su más auténtica identidad, desde lo que más amaba hacer, aunque eso significara menores ingresos, pérdida de estatus y un oficio con menor proyección. Desde ese minuto se puso a estudiar Paisajismo y comenzó a vivir su camino de propósito: "Entregar amor a través de la nobleza de la naturaleza".

A poco andar, fue elegida presidenta del Club de Jardines de Chile. Actualmente es una de las paisajistas más prominentes del país. Lo más importante: es una mujer realizada y feliz.

3. Búsqueda híbrida (de todo un poco)

La búsqueda también podría desarrollarse de manera híbrida. Por ejemplo, se puede dar el caso de alguien que, habiendo iniciado una búsqueda activa, sufra posteriormente un evento traumático que acelere el proceso y encuentre, al mismo tiempo, alguna fuente de inspiración.

Así le sucedió a la presentadora estadounidense Oprah Winfrey[52], quien siempre ha estado muy ligada al mundo espiritual y ha confesado estar constantemente revisando su camino de propósito. A la edad de treinta y seis años entrevistó en su programa a Truddi Chase, una mujer que había sufrido abuso sexual durante su niñez. Mientras Truddi relataba estos episodios, Oprah se sintió conmovida por las declaraciones de su invitada, al punto que pensó que no le quedaría más remedio que detener la grabación. Pero continuó, a pesar de que apenas podía hablar debido a la emoción que el relato de Truddi le provocaba.

En entrevistas posteriores, Oprah cuenta que la historia le trajo un sinfín de recuerdos traumáticos de su propia niñez que, hasta entonces, mantenía bloqueados. La exitosa mujer de la industria de las comunicaciones tuvo una infancia precaria y rural, durante la cual vivió sola con su abuela, ya que su padre nunca estuvo presente y su madre se vio obligada a migrar a la ciudad en busca de trabajo.

Un día, cuando tenía nueve años, partió a la ciudad en búsqueda de su madre, pero al instalarse en la urbe fue violada y abusada por familiares y cercanos de manera reiterada. A los trece años fue enviada a un centro de detención juvenil, y a los catorce quedó embarazada, pero el hijo recién nacido falleció en un parto prematuro.

Estas traumáticas experiencias motivaron a Oprah a estudiar y entrar al mundo de los medios de comunicación, convirtiéndose en una de las personas más influyentes de la televisión mundial. Según ha contado en entrevistas, sus vivencias de niña le hicieron sentir la necesidad de complacer a la gente y nunca poder decir "no". Por eso, logró encontrar sentido a su vida por medio de empoderar a las personas, especialmente a las mujeres jóvenes, para que pudieran alzar la voz y hacer valer sus derechos.

La historia de Oprah Winfrey es el ejemplo de una búsqueda que parte de manera reactiva. Ella construye su camino a partir de la experiencia traumática del alejamiento de su madre y más tarde del abuso sexual; pero después, cuando decide entrar a estudiar Comunicaciones, esa búsqueda se vuelve activa. Finalmente, fue la historia de Truddi, más su experiencia personal, lo que la motivó a luchar por los derechos de las mujeres.

*

Ya sabía que la felicidad que buscaba era de carácter espiritual, y que era esa carencia la que me estaba generando ese vacío. También sabía que no estaba sola en esto y que existía una ruta para iniciarme en esto. No puedo negarlo, llegar hasta aquí fue un gran alivio. Sabía que, de a poco, estaba encontrando las respuestas que tanto tiempo había buscado.

A la vez que perseveraba en mi búsqueda veía más claramente que esto del propósito no era una misión única para toda la vida, sino más bien un camino hacia la felicidad plena, aquella que no solo se compone de los placeres sensoriales, sino de algo mucho más complejo de alcanzar.

Pero a medida que avanzaba y colmaba mis preguntas, otras nuevas comenzaron a emerger. Como si a mayor conocimiento, mayores fuesen las dudas. Lo que tenía que averiguar ahora era, quizá, lo más difícil de todo: **cómo diseñar ese camino que ya había iniciado, ese, que tendría que guiarme en el largo plazo hacia la felicidad.** Parecía que todo esto del propósito me estaba llevando a ver la vida de una manera distinta, como si fuese una nueva filosofía de vida que estaba a punto de comenzar. Necesitaba un plan, una hoja de ruta, un mapa...

Parte II: El *Telos*, una metodología para descubrir tu camino de propósito

El *telos* es una metodología original que he diseñado y que busca ofrecer un modelo holístico para diseñar tu propio camino hacia la felicidad.

Lo he llamado *telos,* que significa propósito en griego (τέλος), en honor al gran filósofo de todos los tiempos y que ha sido mi gran guía en este camino: Aristóteles[53].

CAPÍTULO VI

El camino de propósito

Camina lento y no te apresures, que el único lugar a donde tienes que llegar es a ti mismo".

J. Ortega y Gasset.

En el inicio de este camino de transformación empezaron los cambios. Pero, para mi sorpresa, no me sentía alguien distinta, sino más yo que nunca. Empezaron a cambiar mis prioridades, sin duda, y la vida también comenzó a verse diferente. Ya no me importaban ni me hacían feliz las mismas cosas que antes.

Ahora sí tenía claro que esa carrera por el éxito en la que me sentía arrastrada había llegado a su fin o, simplemente, nunca había sido para mí. Era el momento de reformular las típicas metas impuestas por la sociedad para descubrir aquellas que fueran realmente propias. Deseaba sentirme libre y no prisionera de lo que los demás esperaban de mí. Quería dedicarle todo el tiempo, y ya no solo una parte, a aquello que realmente me importaba y disfrutaba hacer. Y eso me llevó a una nueva forma de ver y vivir la vida, la que requeriría de mucha valentía, esfuerzo y responsabilidad, y por la que estaba absolutamente dispuesta a arriesgarme.

Durante este proceso, el propósito se convirtió en mi compañero, mi norte a seguir. Pero todo lo que había leído hasta entonces parecía quedar inconcluso. Era suficiente como para encantarme con él, pero no para explicarme en qué consistía totalmente y confirmar que lo estaba aplicando a mi vida. Por eso decidí hacerme cargo yo misma de construir una metodología —basada en la ciencia, lo que había estudiado y mi experiencia personal— que fuese holística, coherente y me permitiera forjar mi propio camino de propósito.

Tratando de ordenar todos los hallazgos en mi mente, comprendí que ninguna de las teorías que había estudiado eran incompatibles entre sí. Entendí que si bien tenemos un propósito último para todos y que es inmutable —la felicidad—, para alcanzarlo cada uno debe fijar distintos objetivos y metas que lo vayan guiando hacia él.

El punto de partida fue erradicar por completo la creencia de que el propósito es uno solo y para toda la vida, y que es distinto para todos los seres humanos. Sentía que uno podía tener más de un camino para alcanzar el propósito, incluso podían ser muchos y cambiar en el tiempo, a medida que vamos evolucionando.

Un camino de vida que comienza, pero nunca termina

Tener la capacidad de vivir una vida con propósito, consciente de cuál es nuestra razón de existir, es una cualidad únicamente humana que nunca se acaba, es decir, posee un potencial infinito. Siempre podemos ser más felices. Al mismo tiempo, como es algo que nunca se alcanza completamente, el desafío de mantenerlo vivo siempre está presente, ya sea conservando el nivel de felicidad o tratando de que sea aún mayor. Lo importante de que sea un camino o un proceso constante es que, al recorrerlo, no busquemos un resultado final, ya que no es algo que se logra una vez. **El arte está en disfrutar el camino.**

Lo mismo sucede con otros valores que anhelamos, como el amor. Este proviene de nuestra capacidad de dar y solo por ese hecho, recibimos una alegría sobrecogedora cuando nos entregamos o amamos a los demás. Siempre podemos amar más y ser más felices, por eso decimos que es infinito, no es algo que se alcanza y listo[54].

Así como amar a nuestro primer hijo no agota nuestra capacidad de amar a los que vendrán, avanzar hacia un objetivo orientado al propósito no nos hace alcanzarlo en sí mismo. El camino no se termina ahí, sino que cada meta lograda nos mueve a seguir en pos de otras más. Es una capacidad que no está constituida por el objeto aprehendido, sino por la facultad de buscarlo. Alcanzar el propósito no es lo que nos hace florecer, sino que es el camino que recorremos lo que nos hace plenamente felices[55].

Este camino se inicia con nuestra **intención**, esto es, un deseo llevado a la acción. Y avanza hacia uno o varios **objetivos** que nos fijamos, aquellos que son realidades que no existen pero a las que deseamos llegar. En el recorrido entre ambos, se sitúan las metas que van guiando nuestro camino hacia la felicidad.

Intención   Camino de propósito   **Objetivo**

¿Por qué perdemos el tiempo deseando algo que no podremos nunca alcanzar completamente, como la felicidad?
¿Por qué mejor no limitar nuestros objetivos a las cosas que están dentro de nuestro alcance?

El filosofó Robert Sokolowski[56] se hace cargo de esta inquietud, y explica que necesitamos este tipo de deseo para que nos proporcione el contexto más remoto de nuestro mundo práctico. Es como un tipo de frontera que nos fijamos. Pareciera que los deseos que pueden cumplirse necesitan de los deseos que no pueden cumplirse para su definición.

Nuestro apetito racional necesita extenderse más allá del dominio de lo realizable para poder definir la región donde puede ser efectivo. Por ejemplo, la fundación de Bill Gates, la más grande del mundo, tiene por misión erradicar la pobreza del planeta, aunque su fundador sabe que eso es imposible, al menos mientras él esté vivo. Sin embargo, ese deseo "imposible" ha servido de visión para todos los importantísimos proyectos que la fundación lleva adelante.

Este tipo de deseo, con todo lo inútil que pueda parecer, revela nuestra racionalidad más propiamente humana. Y desear lo imposible, como dice Sokolowski, es un ir más allá que no podemos evitar y sin el cual tampoco quisiéramos vivir.

A continuación profundizaremos sobre la **intención**, los **objetivos** y las **metas** que nos servirán de marco y metodología para diseñar nuestro propio camino de propósito.

La intención: el porqué

La intención es un tipo de deliberación que precede a nuestras decisiones, y que siempre va acompañada de un proceso cognitivo o de reflexión personal que nos invita a actuar. Nuestra intención nos lleva a preferir una cosa por sobre otras y, cuando es correcta, se orienta moralmente, a nuestro propósito último: la felicidad. Conocer aquellos motivos que son importantes y que son causa de nuestra intención para alcanzar los objetivos y metas que nos proponemos, supone ahondar en el verdadero porqué de lo que hacemos. El porqué es el principio de acción de los objetivos y metas que nos proponemos. Cada vez que nos preguntamos "¿Por qué hago lo que hago?", "¿por qué es importante para mí hacerlo?", "¿por qué me siento tan motivado?", estamos indagando en nuestra intención.

Por ejemplo, si decido casarme con mi novio, es importante saber la intención que me motiva a hacerlo: ¿es porque deseo[57] amarlo por el resto de mis días, o porque sé que es un buen hombre y me tratará bien durante el matrimonio? Lo mismo cuando hago un acto altruista, por ejemplo, una donación: ¿la hago por aparentar o presumir con los demás o porque tengo un interés genuino en ayudar?

Indagar en esta intención será, sin duda, determinante en mi camino hacia la felicidad. Es algo que no miramos con frecuencia pero, como veremos, es esencial en una vida con propósito.

En un momento de mi vida me pregunté por qué era abogada, si quería seguir siéndolo y si que lo que me motivaba a seguir ejerciéndolo era la pasión por mi trabajo u otro motivo. Llegué a la conclusión de que no tenía idea cual era la razón que me mantenía.

En muchos casos, nos fijamos objetivos importantes en nuestras vidas sin ni siquiera explorar en el porqué; es decir, sin estar conscientes de nuestras decisiones y, en esos casos, las probabilidades de que exista una incoherencia entre quienes somos y las cosas que hacemos son obviamente altísimas[58]. De hecho, en múltiples ocasiones ni siquiera somos capaces de prever los efectos emocionales futuros de las cosas que nos están pasando en el momento[59]. Vivir de ese modo es vivir en la inercia. En estas situaciones, nuestro actuar no estaría motivado por una intención consciente, sino que es producto del "piloto automático" o, como se dice en psicología, del inconsciente.

Algunas personas con las que he discutido sobre la importancia de la intención, creen que no importa el fundamento que sustenta a un objetivo o meta en la medida que sean alcanzados por el sujeto y que, en ese proceso, sintamos que somos competentes y eficaces. Sin embargo, a lo largo de este libro veremos que esta mirada utilitaria sobre nuestro quehacer no funciona para el camino de propósito. Tanto es así, que puedo asegurar que los objetivos y metas (en los cuales ya profundizaremos) que nos propongamos nos beneficiarán en términos de salud mental, bienestar general y crecimiento personal solo en la medida que exista coherencia con nuestra intención[60]. Únicamente los motivos que provienen de nuestra auténtica intención—no del ego— desencadenan la magia que buscamos.

¿Cómo saber cuándo estamos frente a un objetivo motivado por una auténtica intención o por el ego? Aquí describimos algunas pautas para descifrarlo:

Objetivo motivado por una auténtica intención	Objetivo motivado por el ego
Se basa en la verdad	Se basa en el aparentar
Quiere colaborar	Quiere competir
Anhela el bien común	Es individualista
Se disfruta el camino	Solo le interesa el resultado
Quiere entender a su entorno	Quiere culpar a los demás
Sabe perdonar	Es resentido y vengativo
Es agradecido	Siente que nunca es suficiente
Es humilde	Busca sentirse superior
Tiene un fin espiritual	Tiene un fin material
Es altruista	Es egoísta
Tiene aceptación propia y de los demás	Lo mueve una negación de sí mismo e intolerancia a los demás
Lo motivan a hacer el bien	Lo motiva el poder, el dinero, la fama y el reconocimiento
Se alimenta de las emociones positivas, como la alegría y la esperanza.	Se alimenta de las emociones negativas, como la rabia y la angustia.

La intención que nos mueve a alcanzar nuestros objetivos es determinante para conducirnos a alcanzar nuestro propósito. Veremos que descubrir esa auténtica intención y sus elementos constituyentes, será la clave de todo este camino y es, precisamente, lo que abordaremos en el próximo capítulo al desarrollar la metodología *telos*.

Los objetivos del propósito: "objetivos P"

Hemos dicho anteriormente que somos seres complejos, y eso impide que podamos tener un único objetivo que sea suficiente para sentirnos plenos. Por el contrario, lo más común es que necesitemos tener más de uno, y que cada uno de ellos nos conduzca, como si fuese una dirección con varias rutas, hacia una vida feliz. Estos objetivos aluden a una visión de futuro que deseamos alcanzar pero que no existe ahora. Se refieren al mundo en el cual quisiéramos vivir y por el cual estamos dispuestos a sacrificarnos.

Para clasificar estos objetivos que nos conducen a nuestro propósito —u "objetivos P", como los llamaremos— haremos la distinción por ámbito de la vida en el que se llevan a la práctica.

Ámbitos de la vida

Los ámbitos de la vida son aquellos espacios y/o actividades en los cuales invertimos nuestro tiempo y energía. Se podría decir que es la cancha donde se juega el partido de la vida. Son las instancias en las cuales llevamos a la práctica nuestros deseos o aspiraciones más relevantes.

Las posibilidades de estos ámbitos son variadas, pero nos centraremos en las más frecuentes de la vida moderna:

> 1. *Familia.*
> 2. *Vida espiritual.*
> 3. *Conexión con la naturaleza.*
> 4. *Instancias de recreación.*
> 5. *Vida en comunidad.*
> 6. *Trabajo.*

Veamos a continuación una breve descripción de cada uno de ellos:

Familia

Al referirnos a la familia, lo hacemos en sentido amplio. Una familia es un grupo de dos o más personas (normalmente unida por lazos de convivencia, legales o sanguíneos), que tiene un proyecto de vida en común, y que puede tener descendencia o personas a su cuidado.

La familia es uno de los ámbitos que requiere de mayor atención y energía. En el caso de las familias que además tienen hijos, no es secreto que la crianza y formación nos cambia la vida para siempre, exigiéndonos mucha dedicación, responsabilidad y recursos económicos para que cada miembro alcance su mejor desarrollo posible.

Vida espiritual

La espiritualidad es reconocer, aceptar y abrazar el hecho de que todos los seres de la tierra estamos conectados por una fuerza superior, y que nuestra conexión con los demás se basa en el amor, la bondad, la compasión y la solidaridad, entre otras virtudes. La necesidad de espiritualidad en nuestras vidas se manifiesta como una manera de satisfacer el deseo de unión con los demás, más allá de lo físico --tema en el cual profundizaremos al hablar sobre el elemento de la trascendencia--.

Desde tiempos inmemoriales, la religión ha sido considerada como la única vía espiritual de nuestras vidas. Las grandes religiones, al promover la creencia en un ser superior, han ayudado a los individuos a trascender en sus vidas seculares, alentando una fe en una vida más allá de las coordenadas históricas, espaciales y temporales de cada individuo[61].

Si bien la religión ha sido la gran fuente de espiritualidad a lo largo de nuestra historia, esta no es la única. En tiempos de hipermodernidad, hemos podido conocer de cerca diferentes formas de espiritualidad, como la oriental u otras de carácter secular. Por eso, al hablar de espiritualidad, esta puede ser de carácter religioso u otra.

Conexión con la naturaleza

La naturaleza es gran parte del vastísimo universo de todo lo que se encuentra en nuestro planeta sin ser producto de la intervención del ser humano. Está relacionada con las diferentes clases de seres vivos, como las plantas, los animales y las personas, pero también con todos los elementos que conforman el paisaje natural, como los océanos, las montañas, los ríos, etc. Nuestra interacción con el medioambiente ha afectado gravemente la vida natural en el planeta y es por eso, y en pro de su conservación, que han originado diversos movimientos que tienen por objeto preservar y proteger nuestro entorno.

Vivir rodeados de naturaleza era algo que parecía absolutamente normal hasta hace algunas décadas, pero hoy ha pasado a ser, para la mayoría, un privilegio difícil de acceder.

Lo que es indiscutible es que, para muchos de nosotros, tener contacto directo con la naturaleza —como tocar la tierra, subir un cerro o respirar aire fresco— es fundamental para nuestro bienestar físico, emocional y espiritual. Es por eso que buscar vivir una vida ligada a la naturaleza se ha vuelto un ámbito en el cual estamos dispuestos a invertir tiempo y energía.

Instancias de recreación

Al hablar de recreación hacemos alusión al aprovechamiento activo del tiempo libre para el esparcimiento físico, emocional e intelectual. Se diferencia del ocio, que es más bien una forma pasiva de distracción, relacionada con la distensión y la relajación del cuerpo y la mente. Lo que sí comparten es que ambas son actividades no remuneradas y esencialmente voluntarias.

La recreación nos ayuda a romper con la rutina y las obligaciones cotidianas, y aliviar el estrés acumulado, lo que nos permite encontrar un equilibrio saludable entre las obligaciones y los placeres de la vida. Las actividades de recreación que practiquemos pueden estar relacionadas con deportes o hobbies, aficiones artísticas —como la música o el teatro— y, en general, cualquier otra forma activa de entretenimiento que no sea nuestro sustento de vida ni labor principal.

La práctica frecuente de actividades recreativas nos brinda momentos gratos y sentimientos de bienestar y satisfacción, razón por la que hacemos los esfuerzos para dedicarle parte importante de nuestro tiempo.

Vida en comunidad

La vida en comunidad hace referencia a cualquier forma voluntaria y no remunerada de reunión con los demás, con quienes compartimos intereses o afinidades. Puede ser una agrupación religiosa, política, ideológica, cívica, vecinal o sindical que nos parezca lo suficientemente importante o gratificante como para buscarla y querer participar. Son distintas formas de involucrarse en la vida pública.

También podríamos incluir en este ámbito todo lo relativo a las relaciones de amistad. Aristóteles señala en *Ética a Nicómaco*: "La amistad es lo más necesario para la vida. Sin amigos nadie querría vivir, aun cuando poseyera todos los demás bienes[62]".

Trabajo

El trabajo es, probablemente, el ámbito de la vida en el que más coincidimos la mayoría de los adultos. Al mismo tiempo, es al que normalmente más tiempo y energía dedicamos, pues se trata de la actividad principal que nos permite solventar nuestros gastos de vida. Puede tratarse de un trabajo profesional, oficio, en la esfera de las artes, ciencias, deporte, en fin, cualquiera que sea, lo importante, para efectos del propósito, es que estemos haciendo alusión a nuestra actividad principal, no a un pasatiempo o actividad accesoria.

Las necesidades que buscamos satisfacer a través del trabajo y que son importantes para nuestro bienestar laboral van desde las más básicas como la seguridad de tener un ingreso estable o un lugar en que nuestra integridad física no corra peligro hasta las más espirituales, como la de generar un impacto positivo con nuestro quehacer.

En un mundo soñado, nuestros trabajos deberían tener un alcance que abarcara un gran número de personas y servir para resolver los grandes problemas de la humanidad. Pero eso no es necesariamente así. Tendemos a pensar que ese nivel de impacto es el único que vale, pero lo cierto es que los trabajos con esas características son muy escasos y no es necesario aspirar a alcanzar tal magnitud para lograrlo.

Todo trabajo, profesión u oficio, por el solo hecho de existir como tal, está al servicio de los demás, y por esa sola razón genera un impacto positivo en otros. Eso es así, y cuando no lo vemos, es porque no hemos hecho el esfuerzo de hacerlo consciente. El propósito se puede encontrar tanto en las grandes causas de la humanidad como en los trabajos más comunes y cotidianos, ya que hay una bondad implícita en el servicio a los demás.

Independientemente del tipo de trabajo que se trate, los estudios demuestran que aquellas personas que perciben sus empleos como una forma de entrega constante a los otros, los consideran como una parte mucho más significativa de sus vidas que aquellas que los ven como una mera actividad transaccional[63]. El neurocientífico Paul Zak hace la distinción entre el trabajo "transaccional" y "trascendente[64]" para abordar este punto.

El trabajo transaccional se refiere a los quehaceres cotidianos, aquellos en los cuales se intercambian bienes y servicios por un precio, lo que permite satisfacer necesidades tanto del que ofrece como del que demanda. Al contrario, el trabajo trascendente se refiere al rasgo cualitativo del servicio. Es la virtud que nos permite alcanzar la realización de nuestras capacidades y, al mismo tiempo, beneficiar a los demás. Por lo mismo, cualquier trabajo en el cual podamos estar al servicio de otro tiene la potencialidad de ser trascendente.

Si bien todos los trabajos generan un impacto positivo, podemos distinguir dos tipos tipos de impactos, el directo y el indirecto, en los que es interesante profundizar:

1. Impacto directo

El impacto es directo cuando el beneficio que generamos en otras personas o el planeta son apreciables o aparentes sin mayor esfuerzo consciente. El impacto directo es simple de percibir y se puede clasificar de la siguiente forma:

Impacto por acción:

Este tipo de impacto lo encontramos en aquellas personas que tienen una pasión por alguna actividad de tal magnitud, que no podrían vivir su camino de propósito si no es dedicándose a ella. Lo veremos en detalle más adelante al hablar de la pasión, pero en definitiva se trata del chef que no se imagina su vida sin cocinar, del músico que no puede dejar de componer, del tenista que quiere pasar el día entero en la cancha o del astrónomo que no cesa de mirar al cielo. Cada una de estas personas apasionadas con una actividad puede recorrer su camino de propósito y generar un impacto positivo, **siempre y cuando comparta su actividad con los demás.** Quién solo cocina o toca y no lo comparte con nadie, no puede trascender. En los deportes, por ejemplo, se da al representar a tu equipo, barrio o país en una competencia.

Impacto por creación:

También existe un perfil de personas que goza cuando crea cosas nuevas. Puede ser innovando, encontrando una solución a un problema o emprendiendo con una idea. Gente curiosa, arriesgada y con mente flexible que genera un impacto positivo, por ejemplo, encontrando nuevas soluciones a problemas existentes, o bien generando empleo a través de su empresa.

Impacto por contacto:

En estos casos, la actividad o trabajo que se realiza está directamente vinculado, en el tiempo y forma, con el beneficio que se genera, ya sea en las personas o en el medioambiente. Hay un contacto directo con el beneficiario, sea este una persona o la naturaleza.

Un cardiólogo que se dedica a salvar vidas en un hospital tiene clara la contribución de su trabajo. Sus acciones se vinculan directamente con el sujeto beneficiado, el paciente, lo que hace que la relación de su trabajo con el impacto positivo sea evidente. Esto mismo le sucede a un psicólogo cuando atiende en su consulta, o a un profesor en el aula con sus alumnos. También le sucede a un veterinario al cuidar a los animales, o a un guardaparques con la naturaleza que resguarda.

Lo relevante no es la profesión en sí, sino la posibilidad de estar en contacto directo con quienes se benefician. El líder de un grupo o una empresa también puede tener ese impacto directo sobre las personas que trabajan con él. Puede ser formándolos, capacitándolos, inspirándolos, o brindando nuevas oportunidades de crecimiento. Ser líder per se es una oportunidad para impactar positivamente en la vida de otras personas.

2. Impacto indirecto

En el impacto indirecto, existe una distancia temporal o física entre la actividad y la contribución que se genera para otras personas o el planeta. Esta característica hace que el impacto sea más difícil de percibir y nos desafía a observar más allá de lo evidente; a ser conscientes de la causa o valor que subyace en nuestras acciones.

Este tipo de impacto puede ser tanto o más beneficioso para las personas que el directo, sin embargo, al no ser evidente su conexión con el beneficio que se genera, nos desafía a estar constantemente conectando lo que hacemos con aquella causa o valor que nos motiva a hacerlo. De hecho, la manera de identificar una acción, tarea o trabajo en nuestra mente, puede ser determinante en cuanto al sentido y trascendencia que nos genera[65].

En este sentido, los niveles de identificación de una acción pueden ser bajos o altos. Los bajos implican significados concretos, inmediatos y específicos. Son simples, suelen ser automáticos, habituales y ejecutables sin necesidad de la consciencia. Por ejemplo, si me sirvo un plato de carne con papas al almuerzo, ante la pregunta sobre qué estoy haciendo, responderé que estoy comiendo carne con papas.

Por el contrario, los niveles altos de identificación consideran conceptos más abstractos que se alejan de la acción misma y, por lo mismo, nos permiten evaluar nuestras acciones dentro de un contexto o períodos más largos de tiempo. Al ser un ejercicio más complejo requiere, a su vez, de un nivel superior de consciencia que nos permita autodefinirnos en relación a los objetivos inferiores y más concretos.

En el ejemplo anterior, si lo llevamos a un nivel alto de identificación, ya no se trataría de comer el plato de comida que tengo al frente. Además de eso, también evalúo otras cosas, como el hecho de que sea saludable, si es suficiente cantidad como para que no me dé hambre hasta la cena, si me gustaría o no estar acompañada en ese momento, etc.

Lo mismo ocurre en la mítica historia de la catedral. Un peatón se acerca a una construcción en proceso, y les pregunta a dos albañiles —cada uno por separado— lo mismo: ¿en qué consiste su trabajo?

—El primero lo mira con cara de resignado, y le contesta apáticamente: "Estoy poniendo un ladrillo arriba del otro".

—El segundo, con regocijo, pasión y orgullo, le contesta: "Estoy construyendo la catedral más grande y hermosa del mundo. Es probable que nunca llegue a verla terminada, pero me llena de orgullo saber que mis nietos vendrán a rezar aquí cada domingo".

En esta historia se aprecia cómo, a través del proceso consciente de identificación de la acción, una misma actividad puede tener distintos significados para quienes la realizan. El primer albañil siente que tiene un trabajo, y el segundo que tiene una causa, que está avanzando en su camino de propósito[66]. Ambos niveles de identificación son igualmente correctos, pero su incidencia en la percepción de la trascendencia de lo que hacemos es radicalmente opuesta

Quienes utilizan un bajo nivel de identificación de sus acciones, experimentan también bajos niveles de satisfacción. Por el contrario, quienes logran un alto nivel de consciencia, sienten que su trabajo les permite trascender, pues son capaces de asociarlo a sus valores y a la satisfacción de sus necesidades más espirituales.

Nathalie Wilk, fundadora del emprendimiento Culotte, dejó su trabajo como consultora en una prestigiosa firma para vender ropa interior femenina, segura y reutilizable, diseñada especialmente para períodos de menstruación. A primera vista, se podría pensar que Nathalie se dedica simplemente a vender ropa interior femenina, ¿qué impacto positivo podría estar logrando si existen miles de productores que hacen lo mismo? Pero al conversar con ella, queda en evidencia que el tipo de impacto que genera, si bien indirecto, es indiscutible.

—Yo: Nathalie, muchas personas me preguntan cómo se puede generar un impacto positivo o contribuir al mundo vendiendo o comercializando productos. Pero, al verte a ti, pareciera que es posible.

—Nathalie: Efectivamente yo vendo productos, pero eso es solo un medio para lograr otra cosa. Con nuestro producto estamos educando a las mujeres del país. Queremos romper los tabúes en torno a la menstruación y las personas lo agradecen. Es un tema del cual no se habla, y nosotros lo hemos sacado a la luz generando una comunidad de mujeres que se sienten mucho más cómodas y empoderadas consigo mismas. Además, ya desde una mirada más personal, el impacto positivo que tiene en el medio ambiente es un valor con el que me identifico en lo más profundo. Estamos eliminando toneladas de basura con esta solución.

—Yo: ¿Cómo te hace sentir a ti todo este proceso de cambios en tu vida laboral?

—Nathalie: Cada persona que nos escribe y nos agradece porque hemos logrado transformar una experiencia desagradable con una solución innovadora, es una chispa de alegría que se prende dentro de mí. Me da lo mismo trabajar muchas más horas que antes, tener que empaquetar, mover cajas y hacer entregas, no recuerdo otro momento en mi vida en el que haya experimentado mayor plenitud. Siento que ya no hay diferencia entre quien soy y mi trabajo. Hay una absoluta coherencia entre mis valores y mis acciones.

Lo que Nathalie ha logrado con su emprendimiento es el desafío del que grandes y pequeñas empresas se están haciendo cargo. Cuando el impacto de lo que hacemos es indirecto, a lo que tenemos que apelar es a los valores que perseguimos alcanzar con nuestro servicio. Construir confianza, cuidar el medio ambiente, mejorar la calidad de la educación, avanzar en transparencia, promover la justicia e incentivar a una comunidad diversa e inclusiva, son ejemplos de algunos de los valores que los ciudadanos queremos promover y que las empresas saben cómo abordar. Con este tipo de impacto en mente, miles de empresas se encuentran revisando sus estrategias de negocios, buscando cómo declarar su propósito corporativo y atraer a aquellos talentos que crean lo mismo que ellas.

* * *

Estos ámbitos, por sí mismos, no nos aseguran vivir una vida con propósito, es decir, el hecho de tener una familia, trabajo o contacto con la naturaleza, no nos garantiza nuestra felicidad, pero sí nos permiten organizarnos para ello. El ejercicio que debemos hacer es descubrir cuáles de estos ámbitos son realmente importantes para nuestra felicidad y, en base a eso, fijarnos aquellos "objetivos P" que nos permitirán vivirlos plenamente —considerando que pueden ser más de uno— y que irán evolucionando junto con nosotros.

Nuestros valores: lo que de verdad importa

Al elegir nuestros "objetivos P", lo que estamos haciendo es organizar la vida de acuerdo a nuestros valores: eso que verdaderamente nos importa.

Desde el punto de vista social, los valores representan ideales culturales. Son concepciones acerca de lo que es bueno/deseable o malo/indeseable. Subyacen en las prácticas, normas e instituciones sociales, y contribuyen a fijar las preferencias, actitudes y conductas que las personas ven como legítimas o ilegítimas.

Son hipótesis acerca de cómo la vida debe ser vivida y, en base a ellas, determinamos si un resultado ha de ser un éxito o un fracaso. Por eso mismo, nuestros valores determinan nuestra conducta, las elecciones que tomamos y la justificación que le damos a las acciones que realizamos. También sirven como criterios para seleccionar o evaluar a otras personas, sus acciones y opiniones.

La importancia relativa que le damos a los ámbitos de nuestra vida suele estar influenciada por el factor cultural de donde vivimos y de los grupos sociales que frecuentamos.

Por lo mismo, la cantidad de tiempo y energía que estemos dispuestos a invertir en cada uno de ellos y la importancia relativa que tengan en nuestro camino de propósito estarán influidas, en gran medida, por los símbolos que hemos adquirido culturalmente y que se nos han transmitido de generación en generación. Esto influye, por ejemplo, en el valor que se le puede dar a la sabiduría, al rol de la mujer y a la conciliación entre la vida personal y el trabajo.

American Factory, ganador del Premio Oscar al mejor documental de 2019, muestra cómo la concepción sobre el ámbito del trabajo puede llegar a ser muy distinta entre nacionales de distintos países. En él se muestra cómo los trabajadores de una empresa de cristales en Estados Unidos, en la cual conviven empleados estadounidenses y chinos, tienen una percepción totalmente diferente sobre su calidad de vida, a pesar de que realizan las mismas actividades dentro de la fábrica. Los estadounidenses buscan un balance entre vida y trabajo, con descansos durante la jornada laboral y relaciones afectivas entre compañeros; mientras que los chinos ven en el trabajo un fin en sí mismo, al punto que prefieren estar lejos de sus familias y trabajar los fines de semana antes que acceder a cualquier tipo de disfrute.

Si bien la sociedad en su conjunto y cada individuo poseen un sistema específico de prioridades a las que le dan valor, no siempre es tan clara su influencia en nuestro actuar. Esto, porque una conducta o actitud involucra normalmente más de un valor, y ellos guardan entre sí relaciones de complementariedad o conflicto. Para un individuo, aceptar un empleo bien pagado y con proyección puede ser congruente con sus valores de éxito y riqueza material, pero quizá entre en conflicto con los valores de independencia y disfrute del tiempo libre.

Los valores están ligados al afecto, y por eso, cuando una situación los activa, nos vemos imbuidos de emociones muy potentes, que pueden ser positivas o negativas. Es muy difícil quedar indiferente. Por ejemplo, si valoro la verdad, me sentiré enfurecida cuando me dé cuenta de que me han mentido. Si valoro la diversidad, estaré muy orgullosa el día que se reconozca legalmente el matrimonio igualitario.

* * *

Ejercicio: declara tu "objetivos P"

Una vez que tenemos clara nuestra intención y aquellos ámbitos de vida que son centrales para nuestra felicidad, debemos proceder a declarar nuestros "objetivos P" (mentalmente o por escrito).

La pregunta con la debes partir *no* es "¿qué es lo que quiero para mi vida?", pues la respuesta en ese caso sería algo obvio y muy similar para la gran mayoría: tener una gran familia, un romance infinito con mi pareja, un trabajo que ame, cientos de buenos amigos, lucir perfecto, tener mucho dinero, ayudar a todo el mundo, viajar hasta conocer todos los países del mundo, y/o ser respetado y admirado por quienes me rodean.

Todos queremos eso y no es de extrañar que así sea. Pero, como dice Mark Manson en su *bestseller El sutil arte de que te importe un carajo*[67], la pregunta realmente importante y que pocos consideran es "¿por qué cosas estoy dispuesto a luchar o sufrir?". La respuesta a esta pregunta nos ayudará de mejor manera a descifrar lo que es importante para nosotros.

> *- ¿Estoy dispuesto a trabajar doce horas diarias para ser millonario?*
> *- ¿A pasar cuatro horas en el gimnasio y no comer chocolate para lucir perfecto?*
> *- ¿A cuidar a mis hijos cuando lloran o no duermen de noche?*
> *- ¿A respetar a mi pareja y no evadir las conversaciones difíciles?*

Si estamos dispuestos a pasar por lo que sea necesario para alcanzar nuestro objetivo, es porque es lo suficientemente importante para ser un "objetivo P".

Once tips prácticos para declarar tus "objetivos P":

1. *Fuente de inspiración:* su declaración te debe movilizar a ser mejor persona.

2. *Es un por qué:* se originan en la forma de intención. Deben responder a la pregunta "¿por qué hago lo que hago?", no a "qué" hago específicamente. Para organizar lo que hacemos utilizaremos las metas.

3. *Libre y sin límites:* basta con que tengas un objetivo en tu vida, pero no hay que olvidar que los seres humanos somos complejos, por lo que es muy frecuente tenerlos en más de un ámbito. También puede darse que tengas más de un objetivo por ámbito de vida.

4. *Idealista:* se trata de nuestros deseos, por lo que no obedecen a métodos tangibles ni cuantificables. Esa es función de las metas.

5. *Común:* no es necesario que se trate de un objetivo heroico para que tenga valor. No solo personas como el Dalai Lama o Gandhi son capaces de transitar el camino de propósito, también pueden hacerlo personas comunes y corrientes, como tú o yo.

6. *Importancia:* si tienes claridad sobre la prioridad entre tus ámbitos de vida, aun mejor, pues te permitirá tomar decisiones más acertadas en el caso que dos de tus objetivos entren en conflicto.

7. *Desafiante:* debe llevarte a expandir tus límites, a salir de la zona segura o de confort.

8. *Activo:* estos objetivos tienen que estar presentes en nuestros pensamientos, emociones y poder llevarlos a la acción a través de las metas. Su éxito dependerá de que lo llevemos al plano del quehacer. Por lo mismo, es frecuente que se utilicen verbos para describir los objetivos tales como: amar, crear, crecer, desarrollar, liderar, contribuir, servir, aportar, apoyar, colaborar, generar consciencia, inspirar, educar, sanar, etc. Además dependen siempre de ti, por lo que deben ser formulados positivamente, pues confiere una mayor connotación de incidencia de parte tuya. Por ejemplo, no es lo mismo "querer formar una familia" a "evitar estar solo".

9. *Debe ser un fin en sí mismo y conducirnos hacia nuestra felicidad:* este es un aspecto central. Queremos nuestro objetivo porque nos hace felices, no porque es un medio para otro fin, que eventualmente puede hacernos felices. Por ejemplo, trabajar para mantener a mi familia no origina un objetivo en el ámbito del trabajo, sino que, como veremos más adelante, sería una meta dentro de mi objetivo de familia.

10. *Evolucionan:* los objetivos no son estáticos, irán evolucionando junto con tu desarrollo emocional, psicológico y espiritual. Lo importante es que contemplen una duración suficiente como para asumir un compromiso serio con ellos. En general duran años, décadas o, incluso, cuando nos fijamos objetivos imposibles de abordar totalmente —como sería, por ejemplo, terminar con la pobreza extrema— pueden durar toda la vida.

11. *Simple y sencillo:* no busques frases largas y complejas. Finalmente la vida se trata de vivir y disfrutar de las cosas más simples de la vida.

* Para que sea más fácil recordar estos tips, las iniciales de cada uno de ellos unidas en una palabra forman el acrónimo FELICIDADES.

Algunos ejemplos de declaración de "objetivos P" por ámbito de la vida:

Familia	Establecer una relación amorosa gratificante	Tener hijos y formar mi propia familia	Cuidar de mis seres queridos y mantenernos siempre unidos
Trabajo	Mejorar la calidad de vida de personas enfermas	Promover oportunidades para las nuevas generaciones	Unir a distintas personas que podrían potenciarse mutuamente
Vida espiritual	Ampliar mi nivel de consciencia	Alcanzar el conocimiento de mundos superiores	Confiar en el plan perfecto del creador
Conexión con la naturaleza	Proteger al mundo de las amenazas del cambio climático	Conservar y preservar los recursos naturales	Hacer de la naturaleza un bien accesible para todos
Instancias de recreación	Transmitir emociones a través del arte	Explorar nuevos lugares del mundo y hacerlos accesibles a los demás	Lograr un estilo de vida equilibrado física, mental y espiritualmente
Vida en comunidad	Contribuir a la seguridad de los jóvenes de mi comunidad	Representar los derechos de quienes no tienen voz	Luchar por la democracia de mi país

Declara tus "objetivos P":

Mi primer "objetivo P" es _____

Mi segundo "objetivo P" es _____

Mi tercer "objetivo P" es _____

Las metas

Las metas son resultados de corto y mediano plazo que buscamos alcanzar, y que nos permiten generar un plan de vida y sentir que estamos progresando en una determinada dirección. Fijarlas nos posibilita mantener la motivación en el tiempo y abordar cada una de sus etapas con realismo y, avanzando hacia el logro de nuestros objetivos y propósito. En definitiva, las metas favorecen el acercamiento de la vida cotidiana a nuestro propósito, pues cada una de ellas, ha de orientarnos en nuestro camino hacia la felicidad.

La gran diferencia entre los objetivos y las metas es que los primeros buscan darle una dirección a nuestra vida, guiarnos en un camino con una mirada de largo plazo; mientras que las metas buscan obtener resultados concretos y tangibles, y planificar nuestra cotidianidad dentro de este camino que nos hemos trazado. Las metas nos permiten pasar del pensamiento y planificación a la acción, y este es uno de los asuntos esenciales del tema que nos convoca, pues **el propósito siempre transcurre en el hacer.**

Esta combinación de ambos resulta ser muy eficiente y gratificante. En mi caso, cuando empecé a estructurar mis metas en base a objetivos, comencé a focalizarme mucho mejor en lo que hacía, y la ansiedad y angustia que antes me generaba el futuro, se comenzó a disipar. Sin perjuicio de que las metas siempre miran al futuro, paradójicamente, y en cierta medida, dejé de pensar tanto en él y mi atención se centró más bien en el presente que en el porvenir que no se puede controlar.

Quizá lo más sorprendente de esta forma de planificar nuestras vidas es que, cuando concebimos las metas como parte de un camino o algo más grande, dejamos de preocuparnos por lograrlas por el solo hecho de hacerlo o para sentirnos exitosos. Lo que nos mueve es la función que esta cumple en un recorrido completo, en el Todo, y esto nos permite perseguirlas por la mera satisfacción que nos genera recorrer el camino que nos hemos trazado. Si un proyecto no resulta como esperamos, no queda más opción que aceptarlo y seguir adelante con lo que viene, pues cada meta no se evalúa en términos de triunfo o fracaso, sino como parte de algo mayor.

A medida que nos vamos fijando metas que se ordenan hacia un mismo objetivo, comenzamos a encontrar una organización entre nuestras acciones que hace que las cosas que hacemos fluyan de mejor manera. Al mismo tiempo, emerge una claridad que nos empuja a perseverar, en el sentido de esa capacidad de mantener los compromisos en el tiempo, de ser firmes, de perseverar a pesar de los obstáculos, de hacer sacrificios y de mantener incólume la voluntad de avanzar en la dirección elegida.

Tips:
1. Las metas pueden ser una o muchas por cada "objetivo P".
2. Deben declararse de manera que sean tangibles o medibles.
3. Deben ser alcanzables a corto o mediano plazo.
4. Deben invitar a la acción, referirse a aquello que haces.

Ejercicio: identifica las metas

Tomaremos a continuación tres "objetivos P" de los descritos previamente para hacer el ejercicio de identificar sus correspondientes metas:

"Objetivo P":	Metas:
Tener hijos y formar mi propia familia	1. Terminar mis estudios. 2. Comprometerme en mi relación amorosa. 3. Ahorrar para poder solventar nuestros gastos de vida.
Generar oportunidades para las nuevas generaciones	1. Encontrar un trabajo en una empresa que tenga un propósito afín. 2. Prepararme profesionalmente durante los próximos tres años para poder llegar al corazón de los jóvenes. 3. Formar un equipo con el cual podamos diseñar un programa de primer nivel para combatir la adicción a las drogas
Representar los derechos de quienes no tienen voz	1. Participar de algún movimiento político. 2. Generar sólidos vínculos con las comunidades más necesitadas 3. Crear una estrategia comunicacional para generar conciencia de la importancia de esta causa. 4. Levantar financiamiento para los próximos dos años.

Recapitulando lo que hemos visto hasta ahora:

1. El diseño de nuestro camino de búsqueda debe tener como norte nuestro propósito como seres humanos: ser felices.
2. Para ser felices, debemos descubrir y transitar nuestro camino de propósito, que es único para cada persona y evoluciona en el tiempo.
3. Este camino nos fija un campo de acción que se inicia con nuestra intención y se refleja en nuestros "objetivos P" y metas.

Este camino puede tener varias rutas que pueden a su vez ser paralelas o entrecruzarse cuando una misma meta sirve a más de un objetivo.

Camino de propósito

Metas   - - - - -   Una meta puede servir para alcanzar más de un objetivo.

Teniendo esto en mente, debemos invertir la forma en la que actualmente planificamos nuestra vida:

Pasar de la mentalidad tradicional:
Cumple tus **metas** ⟶ Si las cumples, es porque no eran lo suficientemente desafiantes, así que fíjate nuevas y más difíciles de alcanzar y, **eventualmente, serás feliz** (cosa que sabemos que no llega, pues estamos constantemente fijándonos nuevas metas).

A una mentalidad acorde a nuestro camino de propósito, que nos invita a vivir la vida de la siguiente forma:
Descubre tu **intención**, lo que genuinamente deseas y descubre lo que te hace **feliz** ⟶ En base a eso, fija tus **objetivos** y utiliza las **metas** para avanzar y disfrutar tu camino. Si a lo largo de él sientes que no estás siendo feliz, algo no está funcionando bien. Revísalo y vuelve a fijar tus objetivos.

> 66 *La tragedia de la vida no radica*
> *en no poder alcanzar nuestras metas.*
> *La tragedia radica en no tener una meta que alcanzar.*
> *No será terrible morir sin haber cumplido tus sueños,*
> *sino el haber vivido sin sueños que cumplir.*
> *No es una desgracia el no alcanzar las estrellas,*
> *sino el no tener estrellas que poder alcanzar.*
> *No es pecado el fracaso, sino que el no tener objetivos".*

Benjamin E. Mays.

El mapa personal

Una forma de organizar y visualizar lo que hemos desarrollado hasta ahora, es a través de un mapa que nos permita incorporar el propósito, los "objetivos P" y las metas en nuestro camino de propósito.

En lo personal, ha sido muy clarificador estructurarlo de esta forma. Hace unos años definí mis propios objetivos, que son tres, para los cuales he logrado establecer claramente un orden jerárquico entre ellos:

1. La familia: este ámbito de mi vida siempre ha sido el más importante para mí. Desde la adolescencia tenía el anhelo de formar mi propia familia. Tuve la suerte de encontrar al hombre ideal para mí; y el deseo de ser madre surgió tempranamente y de manera sobrecogedora.

Hoy, mi "objetivo P" en este ámbito es "entregarle a mi familia todo mi amor cada día y en cada detalle, apoyándonos mutuamente para que cada uno pueda desarrollarse y ser feliz de forma plena".

2. El trabajo: este ámbito ha sido, hasta ahora, el más desafiante y el que me ha llevado a investigar sobre el propósito como una manera de orientarme. No hasta hace mucho, me dejaba llevar por la inercia y el deber ser, pero ahora que he abandonado el "piloto automático", he logrado fijarme mi propio objetivo.

Mi "objetivo P" actual es "generar consciencia sobre la importancia del propósito para el bienestar de las personas y la sostenibilidad de las organizaciones".

3. La vida espiritual: este ámbito es el más reciente en mi vida. Ha sido justamente al encontrarme con el propósito que la vía espiritual se ha activado en mí. Si bien está comenzando, presiento que cada vez irá tomando más protagonismo.

Por ahora, y quizá sin tanta seguridad como en los dos anteriores, podría decir que mi "objetivo P" es "crecer espiritualmente y adquirir mayores niveles de consciencia".

Una vez que tuve claro mis "objetivos P", comencé a fijarme las metas que me permitieran acercarme a ellos o, más bien, a darles vida. A continuación, les comparto cómo se ve mi mapa personal:

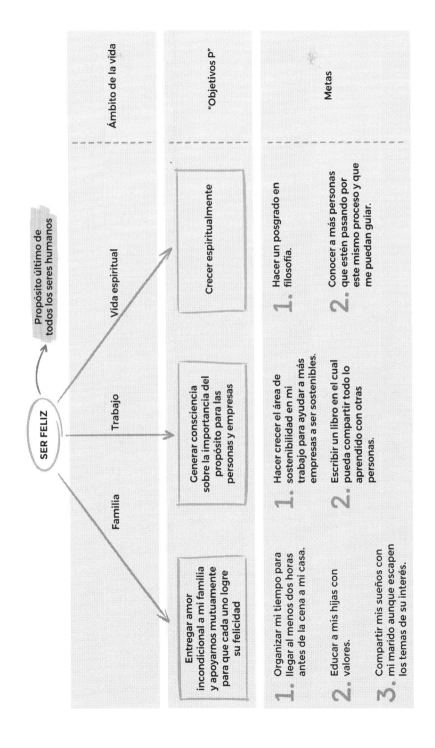

Ámbito de la vida	"Objetivos P"	Metas

Propósito último de todos los seres humanos

SER FELIZ

Familia

Entregar amor incondicional a mi familia y apoyarnos mutuamente para que cada uno logre su felicidad

1. Organizar mi tiempo para llegar al menos dos horas antes de la cena a mi casa.

2. Educar a mis hijas con valores.

3. Compartir mis sueños con mi marido aunque escapen los temas de su interés.

Trabajo

Generar consciencia sobre la importancia del propósito para las personas y empresas

1. Hacer crecer el área de sostenibilidad en mi trabajo para ayudar a más empresas a ser sostenibles.

2. Escribir un libro en el cual pueda compartir todo lo aprendido con otras personas.

Vida espiritual

Crecer espiritualmente

1. Hacer un posgrado en filosofía.

2. Conocer a más personas que estén pasando por este mismo proceso y que me puedan guiar.

Tu propio mapa personal

En base a lo que hemos visto hasta ahora, diseña tu propio mapa personal. No tiene que estar acabado aún. A medida que vayamos avanzando en este recorrido, podrás ir verificando si este está diseñado para contribuir a tu camino de propósito o todavía le falta por madurar.

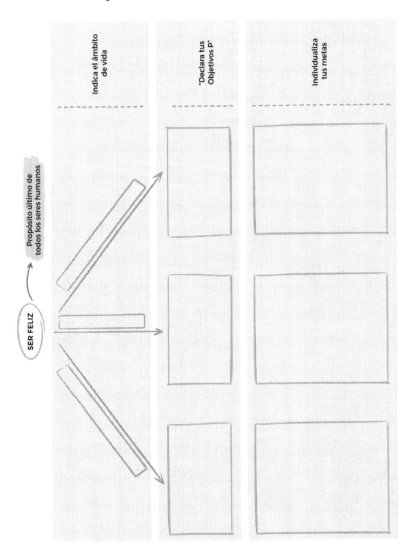

*Puedes descargar más copias de este mapa para seguir practicando en mi pagina web www.sharonirosenberg.com

Crear nuestro propio mapa para establecer objetivos y metas no es tarea fácil, y los *tips* y consejos que hemos brindado hasta ahora son solo un punto de partida. Para confirmar que este mapa personal contribuye a nuestra felicidad, debemos indagar en la esencia del propósito, la cual está contenida en los cuatro elementos del *telos*, que se agrupan en dos grandes dimensiones:

Quién soy:
- Primer elemento: *autenticidad.*
- Segundo elemento: *pasión.*

Cuál es mi lugar en el mundo:
- Tercer elemento: *sentido de la vida.*
- Cuarto elemento: *trascendencia.*

Si nuestros objetivos están definidos de acuerdo a los **cuatro elementos** anteriores, es muy probable que empecemos, progresivamente, a sentir los **tres impactos** del *telos*:

1° impacto: una **transformación en los valores** que consideramos importantes.

2° impacto: empezaremos a **vivir una vida altamente motivante**, y nos daremos cuenta de que sacamos a relucir todo nuestro potencial.

3° impacto: nos encontraremos con la **eudemonía o felicidad plena**, y empezaremos a ver el mundo de otra manera. Redefiniremos nuestro modelo de éxito, nos sentiremos libres y con una capacidad de amar que desconocíamos hasta entonces.

Los capítulos que vienen a continuación tratarán cada uno de estos elementos y sus impactos para que, finalmente, podamos aplicarlo a nuestro mapa personal.

¿Quién soy? Autenticidad y pasión

CAPÍTULO VII

¿Quién soy?
Autenticidad y pasión

El primer paso para fijar nuestros objetivos es saber quiénes somos realmente. Para ello, hay que iniciar un proceso de autoconocimiento, el cual nos permite diferenciarnos del resto de las personas y de nuestro entorno, reconociéndonos como individuos en nuestra singularidad.

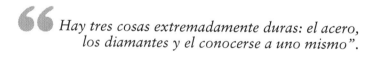 *Hay tres cosas extremadamente duras: el acero, los diamantes y el conocerse a uno mismo".*

Benjamin Franklin.

Primer elemento:
Autenticidad

¡Conócete a ti mismo!

El oráculo de Delfos era un lugar de peregrinación al que acudían los grandes personajes de la Antigua Grecia en búsqueda de las respuestas de los dioses sobre su destino. "¡Conócete a ti mismo!" eran las palabras que aparecían inscritas —casi a modo de advertencia— en la entrada del templo de Apolo en Delfos, recordándonos la importancia de mirarnos hacia adentro antes de que nos miren desde fuera. Estas palabras estaban inscritas en oro, por lo que era prácticamente imposible cruzar el umbral sin fijarse en ellas.

El mensaje era un llamado a la reflexión, a ser conscientes de que quien deseara que el oráculo le diera a conocer los mensajes de los dioses, debía trabajar primero en su interior. En la sala donde se hallaba la pitonisa, esa sabia mujer entrenada desde niña para revelar los oráculos, podía leerse, la siguiente inscripción:

> *"Te advierto que, quienquiera que fueres tú, que deseas sondear los arcanos de la naturaleza, si no hallas dentro de ti mismo aquello que buscas, tampoco podrás hallarlo fuera (...) conócete a ti mismo y conocerás el universo y a los dioses[69]".*

Este mensaje, probablemente el más difundido de la Antigua Grecia, no viene sino a reafirmar la idea de que, desde el conocimiento de lo propio, nacen las preguntas más acertadas. Y ninguna pregunta tendría sentido si no respondiésemos primero a la más importante de todas: ¿Quién soy?

* * *

Esta búsqueda interior requiere de un proceso personal de reflexión, introspección y autoconocimiento. El proceso nos invita a explorar, ser curiosos acerca de nuestras raíces, inspirarnos en otros, aprender de lo que hemos vivido y vivir tantas experiencias como sea posible. Si bien al comienzo puede generar algo de ansiedad o angustia, les sorprenderá darse cuenta de que esta búsqueda puede resultar muy satisfactoria y desafiante. Si bien es un proceso que todos iniciamos en algún momento de la vida, una vez que comienza, no tiene final. Siempre estaremos, en mayor o menor medida, buscando o revitalizando nuestro camino de propósito de manera que sea lo más fiel posible a nosotros mismos.

Para lograr descubrir aquello que es importante para cada uno, debemos estar dispuestos a invertir tiempo y energía[69], pues es algo que requiere de mucho espacio para reflexionar y también de coraje para tomar decisiones que, en ocasiones, nos pueden incluso desestabilizar. Es recomendable compartir este proceso con otra persona, alguien con quien verbalizar nuestras emociones. Muchas veces, no es hasta que ponemos en palabras lo que pensamos y sentimos que nuestras percepciones y sensaciones se vuelven reales. Esto puede ocurrir con un familiar, un buen amigo, un mentor (como fue mi caso), la ayuda de un psicólogo o alguna forma de guía espiritual.

La necesidad de conocernos a nosotros mismos, de saber cuál es nuestra verdadera identidad, es el primer paso para poder conocer qué tipo de objetivos nos llevarán a vivir una vida con propósito. Nuestra autenticidad es lo que nos diferencia del resto y hace que cada camino de propósito sea distinto y único. Y tener una identidad significa reconocerse a sí mismo como protagonista de la propia vida, en lo que se es y se hace, en lo que se piensa y se dice, así como también descubrir aquello que no se es y que no se llegará a ser.

Consciencia de nuestra propia identidad

No hay otra forma de conocerse a uno mismo que a través de la consciencia, es decir, la capacidad de los seres humanos de prestarnos atención, de vernos y reconocernos en nuestra propia identidad. Ella refleja el conocimiento que el sujeto tiene de sí mismo, de sus pensamientos y más profundas reflexiones[70]. Ser conscientes de quiénes somos supone una evolución individual por la cual logramos separar lo que creemos o queremos ser, de lo que verdaderamente somos, con los aspectos positivos y negativos que ello implica.

La consciencia es como una luz que existe fuera de nosotros pero al encenderla nos ilumina, interiormente y nuestro alrededor, de manera de poder poner la atención necesaria sobre nuestras acciones e intenciones que las motivan. Cuando observamos nuestras intenciones, lo que nos mueve, lo que nos lleva a actuar de determinada manera o el por qué de lo que hacemos, podemos encontrarnos con un fiel reflejo de quienes somos. Por eso, cuando nos alejamos del caudal de nuestros pensamientos, del contenido de nuestra vida (lo que acontece) y de lo que el entorno espera de nosotros, empezamos un profundo proceso de autoconocimiento.

También tenemos un tipo de conciencia que puede actuar como un gran juez moral de uno mismo. Esta facultad de ver la vida en perspectiva y observarnos es útil y necesaria porque no podemos solamente confiar en nuestras propias interpretaciones de los hechos. Somos expertos en justificar lo que hacemos, sea que estemos equivocados o no, siendo, por supuesto, totalmente parciales a nuestro favor. Queremos creer que la confianza es lo más importante en nuestra relación de pareja, pero apenas tenemos la oportunidad de registrar el celular de nuestra pareja lo hacemos. Queremos creer que nos importa nuestra salud, pero poco y nada nos preocupamos de nuestra alimentación o de hacer deporte. Esta conciencia moral, nos permite dar coherencia entre quienes somos, nuestro actuar y el impacto que generamos en los demás.

La conciencia moral es justamente la encargada de hacernos ver las inconsistencias entre lo que creemos y lo que realmente somos o hacemos.

Esto no es tarea fácil y se darán cuenta de que acarrea una gran responsabilidad. Al hacernos conscientes de nuestras intenciones y acciones, comprendemos que el camino hacia la felicidad depende fundamentalmente de nosotros, y ya no resulta posible culpar a los demás por nuestros fracasos o frustraciones. Por otra parte, descubrimos la importancia de cada decisión que tomamos, pues es la suma de cada una de ellas lo que va forjando nuestro camino. Y claro, al hacernos responsables, no podemos evadir hacernos cargo del impacto que nuestras acciones generan en las personas y el mundo que nos rodea.

En mi caso, por ejemplo, antes de ver el documental The True Cost no tenía ninguna noción del daño que producía la industria textil en el medioambiente. Ahora que soy consciente de ello (o, más bien, elegí hacerlo) he cambiado mis hábitos de consumo, averiguando el origen de lo que compro y también consumiendo menos.

Cuando nos hacemos conscientes es como un camino de no retorno. Una vez que esa luz ilumina nuestro camino, es imposible volver a apagar esa luz interior.

Niveles de consciencia

El proceso de hacernos más conscientes no es instantáneo. Se podría decir que hay distintos niveles de profundidad, y mientras más avanzamos, más conscientes nos hacemos. El reconocido líder espiritual Deepak Chopra[71], ha clasificado la consciencia en tres niveles según su madurez:

1. Consciencia contraída	En este nivel nos encontramos en el mismo piso que nuestros problemas, lo cual nos impide resolverlos o salir de ellos. Nos sentimos atrapados, confundidos y conflictuados internamente, lo que aumenta nuestro nivel de frustración y disminuye nuestra energía. En este nivel nos mostramos siempre a la defensiva y con miedo.
2. Consciencia expandida	Comienzan a aparecer soluciones. Se amplía nuestra visión más allá de lo concreto. Empezamos a soltar los problemas, a conectar con los demás, a ganar confianza en nosotros mismos y disminuye el conflicto interior. Nos damos cuenta de que estamos en este nivel cuando ya no nos sentimos estancados y nos empezamos a movilizar de acuerdo a nuestros deseos.
3. Consciencia plena	En este nivel los problemas parecen desaparecer, y cada desafío se ve como una oportunidad para crear. Nos sentimos completamente alineados con las fuerzas de la naturaleza y sentimos que no hay límites que nos restrinjan. Demanda estar constantemente abiertos a las respuestas que se nos presentan. Nuestros deseos se comienzan a satisfacer espontáneamente. Sabemos que lo que viene es lo mejor que nos puede pasar. Nos sentimos seguros, el universo es nuestro hogar. Vemos el mundo con compasión y entendimiento. En este nivel estamos viviendo una vida espiritual que influye en cada aspecto de nuestras vidas y logramos comprender verdaderamente el concepto de espiritualidad o trascendencia.

El ego

En este proceso también debemos tomar consciencia de nuestro ego, concepto que ha sido desarrollado principalmente en un formato contemporáneo por los autores Eckhart Tolle y Deepak Chopra. Para ambos, el ego es una falsa imagen que construimos sobre nosotros mismos para defendernos ante las agresiones del mundo. Esta es una formulación del concepto de ego muy alejado de la idea central del psicoanálisis, que lo entiende como la consciencia de sí mismo.

Tolle plantea que el ego es esa construcción que hacemos justamente para evitar vivir el presente en toda su intensidad, negando y huyendo del miedo y el dolor. Así, el ego nos lleva a mirar hacia lo que queremos lograr sin compenetrarnos con, ni mucho menos, sin disfrutar del presente[72]. Es decir, representa un amurallamiento de la auténtica identidad, pues en todo momento intenta proyectar una imagen falsa de nosotros mismos.

Tomar consciencia de ese ego nos permite reconocer lo que no somos, eliminando así, el mayor obstáculo para saber quiénes somos realmente. En este proceso, nos daremos cuenta de que el ego es frágil, y al hacerlo visible a través de la consciencia, al reconocerlo, al aceptar que existe y que nos domina, aceptamos su limitación y evitamos que nos controle. La idea no es reprimirlo, ahogarlo ni negarlo, sino abrazarlo y observarlo sin juicios. Solo así el ego se rinde ante la consciencia, ante nuestra autenticidad, y pierde su dominio sobre nosotros.

Reconocer las propias emociones

La palabra emoción proviene del latín *emovere* (mover, trasladar, impresionar) y justamente es algo que nos saca de nuestro estado habitual y nos mueve en una dirección concreta.

Las emociones más básicas son el miedo, la ira, el asco, la tristeza y la alegría, clasificándose en negativas las primeras, y positivas las segundas. Las emociones negativas no son necesariamente malas, como su nombre podría sugerir. Existen para que podamos detectar que algo anda mal, y para advertirnos de nuestros errores y así no volver a cometerlos. Este tipo de emociones son un llamado a la acción, a cambiar y mejorar las cosas.

Las emociones tienen un origen biológico, como logró demostrar Charles Darwin y, por lo mismo, se consideran universales. Cada vez que las sentimos, nuestro cerebro libera sustancias químicas que refuerzan neurológicamente una experiencia, a través de la cual se genera un cambio en nosotros[73]. Luego, al percatarnos de estas, las racionalizamos en forma de pensamientos o sentimientos.

En general, las emociones ocultan información relacionada con una necesidad no cubierta y reflejan aspectos propios de quien las experimenta. Por eso, cuando somos conscientes de nuestras emociones es como si pudiéramos leer con claridad cómo cada interacción y experiencia resuena dentro de nosotros y nos deja un aprendizaje. Ellas nos permiten distinguir entre aquello que nos agrada y lo que no, habilitando un acceso directo al conocimiento de nuestra propia identidad. Por ejemplo, cuando algo nos genera rabia o miedo, tratamos de evitar exponernos nuevamente a la situación que lo genera, pero cuando nos produce alegría, buscamos repetirla. En definitiva, son como un GPS que nos va guiando según nuestras preferencias.

Las emociones se expresan a través del cuerpo, pero también afectan nuestra mente, ya que son fabulosas anclando los recuerdos. Si algo nos emociona, es muy probable que lo recordemos en el futuro, a diferencia de lo indiferente, que suele olvidarse fácilmente. Por esa misma razón, influyen en la forma en la que interpretamos nuestro pasado y, en consecuencia, cómo nos comportamos en el tiempo presente.

Las emociones nos permiten percibir e interpretar el mundo desde lo más personal, y también son el vehículo que posibilita relacionarnos con aquellos aspectos de nuestra autenticidad de los que no somos totalmente conscientes. En ocasiones elegimos reprimirlas, hacerlas como si no existieran. No necesariamente porque queramos, o de manera consciente, sino por razones sociales y culturales que son contrarias a nuestras necesidades biológicas. Por ejemplo, cuando tenemos miedo de expresar lo que sentimos a quien nos atrae por temor a no ser correspondido.

Lo importante es saber que nuestras emociones no nos dominan y que podemos cambiar la forma como nos sentimos respecto a ciertas situaciones cuando nos hacemos conscientes de ello. Como dice Aristóteles, las emociones guardan una íntima relación con las creencias (una idea o pensamiento que se asume como verdadero) y, por eso, podemos modificar lo que ciertas circunstancias nos generan si logramos cambiar la creencia que subyace a esta[74].

En este camino de propósito tendremos que estar atentos a esas emociones y, en la medida de lo posible, dejar que nuestra consciencia las analice. Que logremos ver el por qué detrás de cada emoción, sea positiva o negativa. Esto supone dejarlas fluir e intentar no reprimirlas, ya que al hacerlo, impedimos a nuestra luz interior hacer su trabajo. Verán que cuando las dejamos fluir libremente, se encontrarán con intenciones, pensamientos y sentimientos que hasta ahora desconocían.

La historia de Ariela

Ariela dejó fluir sus emociones y le dio a la luz interior para indagar en su auténtica identidad. Conozcamos su historia.

Tenía solo cinco años cuando agarró una raqueta de tenis por primera vez. A su padre le gustaba mucho este deporte, por lo que ella, junto a su hermana Yael, comenzaron a acompañarlo desde muy pequeñas a jugar al club. A los pocos años su padre notó un talento en sus hijas y las impulsó a entrenar más seguido y a jugar campeonatos los fines de semana.

A los nueve años Ariela ya había ganado su primer torneo de tenis, y a los once se coronó como la campeona de Chile en su categoría. Comenzaron los viajes por el país, luego los torneos sudamericanos y, finalmente, las giras por Europa y Estados Unidos. A los quince años Ariela se fue a vivir a Tampa, Florida, a una academia de tenis con formato de internado. Se llamaba *Palmer Tennis Academy* y allí vivían alrededor de cien jóvenes de distintos lugares del mundo. Todos con un mismo anhelo: llegar a ser él o la número uno del mundo.

El rendimiento deportivo, la alta exigencia y las expectativas depositadas en ella comenzaron a asfixiarla. Ariela sentía que no pertenecía a ese mundo tan competitivo; estaba lejos de su familia, de su tierra y además, en el fondo sabía que no le gustaba el tenis como para dedicarse a eso. A pesar de todo, había aspectos que rescatar: pudo viajar por el mundo, logró conocer grandes personas, perfeccionó su inglés, pero, sobre todo, se sintió parte de algo. En la academia todos eran iguales, no importaba la religión, nacionalidad o estatus social.

Esta fue la razón que la mantuvo allí durante esos años. El sueño de ser tenista era más de sus padres que de ella, pero era muy difícil darse cuenta a esa edad. Más aún oponerse y tomar otro camino.

Para Ariela ir a entrenar todos los días era como ir al colegio, y qué niño se cuestiona si debe o no ir al colegio. Con lo que ella sí fantaseaba era con la edad adulta. Soñaba que de grande sería plenamente feliz, ya que podría hacer lo que quisiera y formaría su propia familia.

Con el cambio de milenio abandonó el tenis y antes de cumplir los diecisiete entró a la Florida Internacional University de Miami para estudiar Relaciones Internacionales. Su padre no estaba muy conforme con esta elección, ya que en Chile ni siquiera existía una carrera con ese nombre. A eso se sumó un novio que a sus padres no les parecía apropiado para ella. Por ello, un año más tarde la familia decidió traerla de vuelta a Chile prometiéndole que, si no se adaptaba, podría volver después de seis meses.

Así terminaba el, hasta ahora, mejor tiempo de su vida: el paso por la universidad, donde había hecho amigos, tenía un novio y además la pasión por el estudio la había empoderado y convertido en una mujer con carácter, con opinión y criterio propio. Pero nuevamente siguió el camino que le trazaban y cuando llegó a Santiago, se encontró con que ya estaba inscrita, por convalidación, en la mejor universidad para estudiar aquello a lo que estaba destinada desde su nacimiento: Derecho. En un principio se resistió. Se sintió embaucada.

Adaptarse fue muy difícil al comienzo, pero tuvo la suerte de hacerse un gran grupo de amigas en la universidad que ayudó a sentirse en casa.

La carrera no le disgustaba, pero no era como se veía en las series de televisión: había mucho que memorizar y poco espacio para debatir o contribuir con nuevas formas de construir una sociedad más justa. Sin embargo, nuevamente, no lo pensó mucho. Había que ir a la universidad, ojalá la más prestigiosa, estudiar una carrera tradicional y sacar buenas notas, para luego poder trabajar en la mejor firma de abogados. Ahora estaban todos muy orgullosos de ella. Cumplía totalmente con el deber ser.

Ariela no se cuestionaba ninguna de estas cosas, estaba contenta. Era muy bien acogida en su casa, tenía a su abuela cerca —que, para ella, era el equivalente a su mejor amiga— y algunas de las compañeras de su grupo universitario se convirtieron en cómplices y compañeras de vida. Mujeres con carácter y opinión, al igual que ella. Además, encontró un espacio perfecto en una fundación para poder desplegar su pasión por lo comunitario y, al poco tiempo, conoció a

Alberto, un alumno brillante de Ingeniería, deportista, sano y encantador. Con él compartían las mismas tradiciones y además era hijo de los mejores amigos y socios de los padres de Ariela.

Ella se enamoró profundamente. Al principio se resistía a creerlo: no era muy difícil pensar que se había enamorado de Alberto para darle el gusto a sus padres. Pero el amor era real y sincero. Nunca pensó que podía amar tanto a alguien y que eso se convertiría en una energía que movía montañas. Después de cuatro años de noviazgo, se casaron. Y con eso comenzaron nuevos problemas. Al año de matrimonio, los padres de ambos rompieron su sociedad y, con ello, se vio muy comprometida su larga amistad.

Este conflicto terminó afectando la relación de Ariela con sus padres, quienes la mantuvieron alejada de la familia por un par de años, obligándola a tomar partido. Era su familia o su marido. Pero esta vez ella era ya una adulta y logró desmarcarse de la exigencia paterna. Su amor por Alberto era tan íntegro, que le brindó el coraje necesario para dejar de ser la niña adorada de sus padres y transformarse, ante sus ojos, en la joven "rebelde y desleal". Su pasado le había enseñado que nunca nada era perfecto y, si bien sufrió mucho, fue la primera vez que hizo lo que creía que era lo correcto.

En esa misma época, Ariela entró a trabajar como abogada a la consultora más importante del país. Un par de años después, nació su primera hija. Al año siguiente llegó la segunda, y dos años después la tercera. Ariela sentía que su corazón estallaba de amor. Por fin tenía la vida que siempre soñó, y era consciente y muy agradecida de ello.

Pero un tiempo después, se encontró, sin buscarlo, en uno de esos momentos cruciales de la vida. Esos en los que uno sabe que, pase lo que pase, ya nada volverá a ser igual. Todo comenzó al aproximarse el día en el que cumplía treinta y tres años, cuando la menor de sus hijas cumplía, a su vez, dos años de edad.

Ariela y Alberto habían decidido no tener más hijos. Se acabarían entonces esos maravillosos períodos de pre y posnatal en los cuales podía escapar de su vida laboral "ideal" y refugiarse en sus hijas. Se podría pensar que todo iba bien y era el mejor de los mundos: tenía una familia preciosa, un muy buen matrimonio y una carrera prometedora en una de las más prestigiosas empresas del país, ejerciendo una profesión que ella misma había elegido y que le había costado diez años de su vida construir.

Ya no tenía la presión de tener que cumplir con sus padres u otras personas; pero, a pesar de todo esto, Ariela sentía que tenía que seguir satisfaciendo determinados estándares o normas apegadas a una idea del deber ser. En resumen, era feliz en su vida personal, libre en sus decisiones y conforme con la profesión que tenía, sin embargo, algo no andaba del todo bien. Sentía una especie de vacío que le costaba identificar. ¿A qué se debía eso?

Por primera vez en su vida, Ariela empezó a hacerse preguntas que nunca se atrevió a hacer cuando jugaba tenis, estudiaba Derecho o cuando sus padres se entrometían en sus relaciones amorosas. ¿Quién era? Y ¿cuál era su lugar en el mundo? El escenario esta vez fue muy duro, porque tenía todo aquello por lo que siempre había luchado y, aun así, sentía ese vacío en su interior. Su insatisfacción la llevó a desarrollar una especie de culpa: era una persona que, aparentemente, lo tenía todo y, sin embargo, se daba "el lujo" de no ser feliz. Al menos, no enteramente.

La familia de Ariela era judía y ella, aunque no era practicante, era muy observante de las tradiciones y tenía una rica vida espiritual. Según sus hijas, ella siempre les decía que tenía línea directa con Dios, por lo que reactivó su relación espiritual y, con ello, inició un profundo proceso de búsqueda interior y autoconocimiento.

Un día cualquiera, y en un acto de pura desfachatez, se decidió a preguntarle a Andrés, un compañero de oficina con quien prácticamente no tenía ninguna relación, pero que siempre parecía estar muy en paz consigo mismo:

- "*¿Cómo haces para estar siempre feliz?*".

Ariela no sabía si era realmente felicidad, pero Andrés irradiaba una paz interior envidiable, como si tuviese plena consciencia de lo que hacía con su vida. Resultó ser que su compañero era un explorador de la consciencia, cosa que mantenía en absoluto secreto.

Rápidamente, se hicieron amigos. Él le abrió el camino a la consciencia, la espiritualidad y el sentido de la vida. Esos conocimientos fueron fundamentales para ella y empezó a conocer un mundo que, hasta entonces, desconocía. Uno mucho más profundo y auténtico. Lo que más marcó a Ariela fue una frase extremadamente sencilla que le dijo Andrés y que supuso el inicio de su propio proceso:

-Lo que estás buscando es hacerte cargo de tu propia vida. Y eso tiene un nombre: **se llama propósito.**

Autenticidad pura

Como hemos visto hasta ahora, es frecuente que comencemos este proceso de autoconocimiento conociendo aquello que no somos primero, como le sucedió a Ariela. Luego viene la etapa de descubrir aquello que realmente sí somos: nuestra más auténtica identidad.

La autenticidad es un valor que hace referencia a la persona que dice la verdad, acepta la responsabilidad de sus sentimientos y conductas, y es sincera y coherente consigo misma y los demás. Es la fidelidad con uno mismo que ocurre cuando las acciones brotan desde nuestro ser más íntimo y no por patrones impuestos o asimilados desde los contextos en los que nos movemos, pero que no nos pertenecen realmente. Son las acciones que reconocemos como verdaderamente nuestras, las que permiten palpar nuestros límites, potencialidades y debilidades. También se expresa como la fidelidad a uno mismo en espíritu y carácter. Esas que no admiten engaño alguno.

Lo auténtico es siempre profundo, reflexivo e intenso. Puede ser un auténtico placer, un auténtico sentir o una auténtica desgracia. Por eso, despierta los sentimientos más propiamente nuestros y los convoca intensamente. Es justamente a esa intensidad a la que debemos prestar atención ya que, al sentirla, podremos reconocer lo que es importante para nosotros, aquello que nos mueve y nos invita a vivir intensamente.

La autenticidad es una condición que la persona debe tener y cultivar para mejorarse a sí misma, como una transparencia interior que armoniza y da unidad a su origen, destino, biografía y libertad. Es una virtud, un hábito que se adquiere con la repetición, por lo mismo, quien no es auténtico puede llegar a serlo, y quien lo es, puede perder tal calidad si deja de practicarlo[75].

Para Aristóteles, las personas auténticas son confiables, pues siempre actúan igual, sin importar quién esté al frente. Es decir, son predecibles en cuanto a su integridad moral. Son abiertas tanto con quienes comparten opinión como con los que no, y les preocupa la verdad más que lo que opinen los demás. La moral de la autenticidad es vitalista en cuanto quiere y afirma la vida, y trata de intensificarla. No se trata de decir lo primero que se nos venga a la mente o algún comentario que solo tiene por objeto destruir; es mucho más profundo que eso, como se puede apreciar en la siguiente historia.

La enfermera paliativa Bronnie Ware —quien trabajó durante toda su vida con personas con enfermedades terminales — publicó un libro con los cinco arrepentimientos más usuales que veía en sus pacientes antes de fallecer[76]. El más frecuente de todos fue: "Hubiese deseado tener el coraje de vivir de acuerdo a mi auténtica identidad, no de acuerdo a las expectativas que los demás tenían de mí".

Lo repetiremos una y otra vez a lo largo de este libro, casi como si fuese un mantra: **vivir con propósito requiere del nivel de coherencia más profundo entre quién eres y tu lugar en el mundo.** Es comprender lo que hay bajo todas las normas, dogmas y creencias sociales que hemos adquirido a lo largo de la vida y que hoy obstaculizan el encuentro con uno mismo. Solo así sabremos lo que es realmente ser felices, y para eso, no hay que temerle al dolor.

Es como pelar una cebolla

El proceso de autoconocimiento es difícil, y mientras más profundizamos, mayor puede ser la necesidad de llorar. Por eso, es como pelar una cebolla. En la capa más superficial están nuestras acciones, emociones y pensamientos. En las intermedias, nuestros valores, y así hasta llegar al centro: lo que somos verdaderamente. A medida que nos acercamos a nuestra identidad, más difícil es, pero más profunda es la transformación.

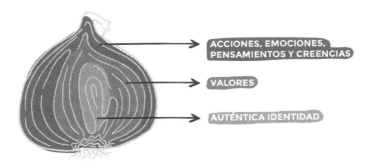

ACCIONES, EMOCIONES, PENSAMIENTOS Y CREENCIAS

VALORES

AUTÉNTICA IDENTIDAD

El problema con pelar la cebolla es que no nos gusta hacerlo, de la misma forma que no nos gusta observarnos a nosotros mismos. Si estamos enrabiados, celosos o actuamos motivados por venganza, en general, somos los últimos en darnos cuenta.

La única forma de conocernos y observar nuestras acciones, emociones y pensamientos, es cuestionándonos constantemente, preguntarnos el por qué de los celos o la rabia, y analizar la situación en perspectiva a través de la consciencia.

¿Cómo lo hizo Ariela?

Volvamos a su relato:

Ahora que Ariela sabía que ese vacío desaparecería al iniciar su camino de propósito, podría empezar su viaje de autoconocimiento. Los primeros temas que le vinieron a la mente fueron: tratar de distinguir cuáles eran realmente sus pasiones, qué ideales la motivaban, qué cosas en su vida le habían hecho sentido, y cuántas cosas de su pasado habían sido impulsadas por ella y cuántas por los demás.

Esta nueva forma de presentarse ante la vida le trajo esperanzas, y empezó a ver cada día como una oportunidad de aprender algo nuevo y de buscar experiencias que desataran ese amor que sentía por su pareja y sus hijas, y que ahora quería compartir con el mundo entero.

Durante ese proceso, Ariela tuvo que enfrentar algunas cosas que le habían generado mucho dolor, como el hecho de que nunca le gustó el tenis y que jamás se atrevió a decirlo por el miedo al rechazo de sus padres. Otros hechos similares fueron su regreso forzado a Chile y el haberla sometido a un conflicto de lealtades entre su marido y sus padres. Si bien hacerse consciente de estos episodios y del dolor que le causaron fue muy difícil, también fue extremadamente liberador para ella.

Lo liberador fue darse cuenta de que esos episodios no afectaban en nada lo que ella sentía por sus padres. Los seguía amando profundamente y estaba agradecida por todo el amor que siempre sintió por parte de ellos. Descubrió que los errores de los seres queridos y el dolor que nos pueden causar no anulan el amor y el cariño que sentimos por ellos. Al hacernos conscientes de esto, dejamos atrás el sufrimiento y logramos conservar el sentimiento profundo que cimenta el vínculo con los miembros de nuestra familia que nos han dañado por alguna u otra razón. Esa enseñanza marcó a Ariela en lo más íntimo de su ser.

Una vez que logró liberarse de los dolores y expectativas que los demás tenían sobre ella, empezó a verse a sí misma sin los filtros del deber ser. Fue en ese momento que reaparecieron sus verdaderos valores: la joven universitaria con opinión, curiosa y que soñaba con cambiar el mundo. Esa mujer fuerte y luchadora que había desaparecido todos estos años en su rol de tenista, hija, esposa, madre y abogada, que aunque la vestían muy bien y le aseguraron la aceptación de su entorno, no reflejaban quién era realmente.

Ariela comprendió que no existe otro camino que rendirnos ante la propia vulnerabilidad y dejarnos aparecer en el intento de permitir que la autenticidad se vuelva la protagonista y no el personaje que hemos construido. Mientras soltamos el control que proviene de estas creencias, emerge una sensación de libertad y paz interior que, sin quererlo, habíamos estado reprimiendo[77].

Inició una terapia —más bien parecida a un proceso de *coaching*— en su viaje de descubrimiento. También empezó a meditar, con lo cual comenzó a desarrollar una sensibilidad muy fina que le permitía disfrutar la vida con otra intensidad. Las cosas buenas comenzaron a ser aun mejores, pero también los dolores de la humanidad comenzaron a sentirse como propios.

Algo en su interior empezó a agitarse; sus anhelos, metas, las cosas que solían apasionarle perdieron la prioridad que solían tener, y otras prioridades, más espirituales, surgieron. Se le abrió un camino nuevo y que prometía no tener vuelta atrás. Podría decirse que su proceso de autoconocimiento la llevó hacia lugares insospechados. Esto le generaba gran asombro, se preguntaba cómo una transformación interior podía ser tan profunda sin que nada cambiase en el exterior.

Ariela logró descubrir su auténtica identidad y, con eso, inició su camino de propósito. Comenzó a asesorar a fundaciones, promover el voluntariado y crear programas sociales. Puso todos sus conocimientos como abogada al servicio de la comunidad y, para lograrlo, tuvo la suerte de coincidir en esa visión con los líderes de la empresa en la que trabajaba. Se encontró con su parte más creativa y eficiente, y descubrió una fuerza interior desbordante que la hacía sentirse más viva que nunca.

Su entusiasmo era tal, que por un segundo pensó que tanta atención en su trabajo podría alejarla de lo que más amaba:

Alberto y las niñas. Pero fue todo lo contrario, el amor y la energía se multiplicaron por mil. No se trataba de abandonar todo lo que ella era, sino de darle sentido. Ya no solo buscaba su propia felicidad, sino sentirse parte de algo más grande, donde tenía un lugar que ocupar y una contribución que hacer.

Luego comenzaron los encuentros sincrónicos. Ya no estaba sola, eran cientos que, como ella, estaban en la misma búsqueda y tenían unas ansias infinitas de contribuir y mucho amor para entregar.

Su auténtica identidad se fue afirmando, tanto así que Ariela decidió ponerle pausa a su carrera de abogada para seguir asesorando empresas y fundaciones, pero, esta vez, de la mano de la sostenibilidad corporativa, es decir ayudar a las empresas a impactar positivamente el entorno social, económico, ambiental y de desarrollo humano. Cuando les contaba a sus cercanos sobre este giro, a ellos les costaba entender cómo era capaz de abandonar todo lo construido y tanto sacrificio para aventurarse en algo que ni siquiera entendían bien lo que significaba. La pregunta más frecuente era: "¿y qué es eso de la sostenibilidad?".

* * *

Como algunos han podido anticipar, la historia de Ariela es, en realidad, la mía. Ahora que me conozco mejor, sé que no me acomoda contarla en primera persona y por eso encontré esta forma alternativa de hacerlo. Sin lugar a dudas, es la historia que mejor conozco, y el estudio de ningún otro personaje podría suplir la sinceridad con la cual quería hablarles de la importancia de conocer nuestra más auténtica identidad.

Time Out

Escribe tu *"objetivo P"*: _____
_____
_____.

Responde las siguientes preguntas:
1. ¿Sientes que este objetivo refleja quién eres realmente?

2. ¿Eres consciente de los requerimientos e implicaciones que este objetivo tiene, tanto para ti como para los demás?

3. ¿Hasta qué punto es importante para ti que este objetivo te lleve a ser más aceptado/a por lo demás?

4. ¿Hasta qué punto es importante para ti que los demás te acepten?

Segundo elemento:
Pasión

Vivir de lo que amas

Eduardo Della Maggiora es lo que considero, desde siempre, una persona apasionada. En la adolescencia jugábamos tenis  juntos en el Estadio Israelita y, además de ser un excelente partner, siempre me llamó la atención cómo lo disfrutaba. Podía estar tardes enteras en la cancha. Era evidente que le encantaba el deporte y que, si hubiese tenido las aptitudes para ello, habría sido tenista profesional.

Si bien Eduardo no se dedicó al tenis, su excelente rendimiento escolar le permitió estudiar Ingeniería Civil en una de las mejores universidades del país, para inmediatamente después entrar a trabajar en un prestigioso banco en Nueva York. En pocos años se consolidó como un referente chileno en Wall Street pero, para sorpresa de todos, en lugar de seguir ascendiendo en su "exitosa" carrera, a la corta edad de treinta y dos años decidió renunciar y partir en búsqueda de su propósito.

Primero se fue a vivir seis meses a África, donde conoció la cruda realidad de la desnutrición infantil. Con ese dolor, volvió a Chile a hacer lo que realmente amaba: deporte. Pero en vez de volver a las canchas, Eduardo utilizó todo su talento para diseñar uno de los proyectos sociales más brillantes que se han visto en el último tiempo: Burn to Give (actualmente Betterfly). Lo que Eduardo ideó es una empresa que busca resolver el problema del hambre en el mundo a través del deporte. El modelo de negocio consiste en que las personas registradas en su aplicación transforman las calorías que pierden haciendo ejercicio, en raciones de comida para menores con desnutrición. Las raciones de comida son financiadas mediante donaciones o auspicios de empresas que buscan opciones de publicidad o programas de recursos humanos con impacto positivo.

A pesar de que el proyecto es reciente, ya tienen presencia en ciento cuarenta y nueve países a través de su plataforma online, han alimentado a más de seis mil niños y entregado casi seiscientas mil raciones de comida[78].

Eduardo logró cumplir el sueño que muchos de nosotros tenemos: poder vivir de aquello que nos apasiona. Así, utilizó sus mayores fortalezas, creatividad e inteligencia para lograrlo.

***

El ikigai y algo más

Para desarrollar la pasión, recogeremos las valiosas enseñanzas de la filosofía japonesa del *ikigai* (pueden conocerla en detalle en el Apéndice I). De acuerdo a ella, el propósito de los seres humanos se encuentra en la intersección de cuatro pilares: lo que amamos hacer, aquello en lo que somos buenos, por lo que nos pueden pagar y nuestra contribución al mundo[79].

Para conocer nuestra pasión y si es viable dedicarnos a ella, debemos hacernos las siguientes preguntas:

> *1. ¿Qué amo hacer?*
> *2. ¿En qué soy bueno?*
> *3. ¿Puedo vivir de ello?*

1. ¿Qué amo hacer?

Aquello que amamos hacer se puede definir como una fuerte inclinación hacia algo que nos gusta, nos encanta y que disfrutamos hacer. Es algo importante, que se siente muy propio y por lo que estamos dispuestos a invertir gran parte de nuestro tiempo y energía[80].

Ese amor, en general se inclina hacia una **actividad** o una **causa**. Si se trata de una actividad, lo más importante es lo que hacemos, en cambio si es una causa, lo que hacemos pasa a segundo plano, ya que lo que nos motiva es el porqué lo hacemos.

Amor hacia una actividad

Este amor tiene lugar cuando disfrutamos realizar una actividad a tal punto que, si de uno dependiera, le dedicaríamos todo el tiempo. Cuando esto nos ocurre, es muy difícil sentirse pleno si no nos dedicamos exclusiva o principalmente a dicha actividad.

Seguramente, Lionel Messi no se imagina una vida sin el fútbol, o Shakira alejada de la música, tal como Dante Alighieri no se imaginó una vida sin la poesía, o Miguel Ángel Buonarroti una vida alejada del arte.

Ejemplos de actividades:
1/ Deportivas: fútbol, tenis, ajedrez, montañismo...
2/ Artísticas: pintar, cantar, bailar, escribir, componer música, cocinar...
3/ Intelectuales o profesionales: astronomía, ingeniería, filosofía, investigación, tecnología, innovación, emprendimiento...
4/ Espirituales: misticismo, sacerdocio, contemplación...

A muchas personas les resulta difícil encontrar su pasión en una actividad en particular. Puede que tengamos *hobbies* o pasatiempos que nos fascinen, pero eso no quiere decir que nos gustaría dedicarnos exclusivamente a ellos, ni mucho menos para toda la vida. Si bien solemos confundir este tipo de pasión con el propósito, se irán dando cuenta de que no es así, y que el propósito es un concepto que abarca mucho más que el amor a lo que hacemos.

Amor a una causa

Por otro lado, está el amor a una causa. En principio todos tenemos el potencial de descubrir una causa, lucha o ideal al cual estamos dispuestos a entregarnos. Se trata de causas que nos movilizan desde lo más profundo, pues es muy probable que estén determinadas o en concordancia con nuestros valores prioritarios.

Ejemplos de causas:
1/ Sociales: el fin de la pobreza, de la obesidad infantil...
2/ Políticas: la lucha por la equidad de género, por los derechos de los migrantes...
3/ Religiosas: la protección de la Iglesia, valores cristianos, el proselitismo religioso...
4/ Culturales: la promoción de las artes, la democratización del acceso a la cultura, la innovación...

En estos casos, lo que hacemos para avanzar en nuestra causa no tiene mayor importancia. Si tengo que cargar cajas de alimentos para acercar la comida a los campamentos, o si tengo que ir a las protestas de los días viernes para generar consciencia sobre los derechos humanos, da igual. Lo importante es porque hago lo que hago. En mi caso, tengo la convicción de que serán las empresas las que mayormente contribuirán a combatir la desigualdad y el cambio climático, por eso trabajo en el área de sostenibilidad corporativa de una consultora. Pero hacer o verificar reportes de sostenibilidad está muy lejos de ser un trabajo adrenalínico. Aun así, lo hago de manera apasionada, simplemente porque creo profundamente en la causa que está detrás.

La pasión se genera en la forma como valoramos y visualizamos nuestras causas, más que del trabajo en sí, y para ello, el nivel de consciencia que tengamos sobre el impacto indirecto de nuestras acciones hace toda la diferencia.

Se siente bien

Al mismo tiempo, una pasión nos genera una sensación placentera, emociones agradables y muy intensas. Cuando estamos viviéndola, el cerebro libera dos neuroquímicos, la dopamina y oxitocina que, como vimos anteriormente, son los responsables de producir esa sensación de satisfacción y alegría que nos motiva a ir por más[81]. Probablemente, todos la hemos experimentado alguna vez, por ejemplo, al tocar música con nuestra banda, al jugar nuestro deporte favorito, al cocinar para deleitar a nuestros invitados o cuando defendemos esa causa con la que tanto nos identificamos.

Lo que nos apasiona despierta toda nuestra creatividad[82] y nos convierte en personas altamente eficaces en ese ámbito[83]. Tal como lo demuestran los estudios de Adam Grant, amar lo que uno hace alimenta la motivación, la perseverancia, el rendimiento y la productividad necesaria para alcanzar las metas a largo plazo[84].

Tener claridad sobre el rol fundamental que juega el placer en el camino de nuestra felicidad es fundamental, sobre todo cuando debemos elegir en qué invertimos lo más preciado que tenemos: nuestro tiempo y energía. En lugar de partir evaluando nuestras metas por aquello que podemos hacer y, luego, ver cuál de ellas disfrutamos entre las opciones disponibles, tratemos de partir al revés. Primero veamos qué es lo que nos genera goce y después evaluemos las opciones disponibles.

Es importante saber que la aparición de un interés suele pasar desapercibida en un comienzo, y es probable que ni siquiera nos demos cuenta de que está allí. Es necesario un largo y proactivo período de desarrollo para descubrirlo y reconocerlo, hasta que terminemos por convencernos de que se trata de algo en lo cual estamos dispuestos a invertir tiempo y energía.

La primera vez que intentamos tocar un instrumento, practicar un deporte o un nuevo oficio, no es algo que nos salga fácil, sino por el contrario, nos cuesta y a veces eso nos desmotiva. Pero es en esos momentos cuando tenemos que ser perseverantes y comprender que se requiere de un tiempo razonable para evaluar si lo que estamos conociendo es una experiencia interesante para nosotros o no. Lo central es atreverse.

Muchas veces, iniciamos alguna actividad o proyecto sin grandes pretensiones y, con el correr del tiempo, nos termina cautivando. Eventualmente, después de un período de prueba y error, la mayoría de las personas comienzan a mostrar preferencia por algunas actividades, especialmente aquellas que disfrutan hacer. De estas actividades, unas pocas se percibirán como particularmente significativas y tendrán cierta resonancia en la forma como nos vemos a nosotros mismos. Cuando esto sucede, podríamos decir que se ha creado un vínculo especial entre la persona y la actividad, y que estamos frente a un primer indicio de la forma en la que queremos vivir nuestro propósito.

> **Preguntas que te pueden servir para descubrir lo que amas:**
> *¿Qué actividades o causas sientes que te energizan?*
> *¿Qué actividad realizarías o por qué causas lucharías incluso si no te pagaran por ello?*
> Si pudieras trabajar en cualquier lugar haciendo lo que tú quisieras, *¿qué sería?*

¿Es realmente importante para mí?

Podemos decir que estamos frente a una pasión cuando descubrimos una actividad o una causa que nos importa y nos genera tal nivel de satisfacción, que estamos dispuestos a elegirlo por sobre las demás opciones y renunciar a otras actividades para concentrar nuestro tiempo y energías en él.

Por esto mismo, si hay esfuerzos que hacer, los enfrentaremos como algo bueno. Como dijo André Gide, "el secreto de la felicidad no está en no esforzarme por encontrar el placer, sino en encontrar el placer en el esfuerzo". Esto significa que podemos postergar el placer físico y continuar siendo felices.

Esta forma de concebir el esfuerzo implica alejarnos de la creencia de que este es sinónimo de infelicidad, como suele asociarse en una sociedad hipermoderna que idolatra el placer. Distinta es la visión que se tiene en Oriente sobre el esfuerzo, y que como cultura deberíamos intentar imitar. Ellos lo conciben de manera positiva: si es bueno para la persona, para su cuerpo y su consciencia, también ha de ser agradable, aunque al comienzo haya que superar algunas resistencias[85].

Si la pasión no es lo suficientemente importante como para influir en nuestras decisiones o acciones y no vale la pena el esfuerzo, no se trataría de una pasión, sino de una afición o, como se dice coloquialmente, de un *hobby*, lo cual no obsta a que más adelante se convierta en una.

Por ejemplo, a mi cuñada le encanta cocinar. Cada vez que tiene tiempo libre, se dedica a probar recetas diferentes y disfruta preparando nuevos platos. Sin duda, le gusta mucho, la relaja y distrae de sus problemas y lo hace muy bien, pero cuando le pregunto por qué no se dedica a eso, si es tan buena y le gusta tanto, es clara al responder que no dejaría su profesión de psicóloga por la cocina. Tampoco se imagina todo el día cocinando. Le divierte como una actividad complementaria, como una mera afición.

Por el contrario, Minsu Bang, reconocido chef japonés en Chile, vive enteramente volcado a su pasión. Desde el día que abrió su primer restaurant, Ichiban, cada decisión que toma, cada cosa que dice y hace, está relacionada con el arte de la cocina. Se preocupa de todos los detalles, de conseguir los productos de mayor calidad, entrenar a los garzones para que sean los mejores, saluda uno por uno a sus clientes para saber si están disfrutando de su experiencia y estudia constantemente las nuevas tendencias del mundo para estar siempre a la vanguardia. Está comprometido en cuerpo y consciencia con su pasión, y eso le reporta una gran satisfacción.

Capital familiar y social

Es frecuente que aquellas cosas que nos apasionan estén, en algún grado, determinadas por la familia, escolarización y/o entorno inmediato. Si bien son influencias de las cuales podemos no estar totalmente conscientes, la experiencia nos demuestra que las raíces influyen en nuestras preferencias y, en consecuencia, nuestras pasiones. Esto sucede porque las actividades que hemos llegado a conocer, en gran medida, dependen de lo que nos han mostrado desde pequeños. Como dice Aristóteles, "el camino del descubrimiento parte de aquellas cosas que nos son familiares, y desde ahí se produce la travesía hacia aquellas que nos son más difíciles de entender".

Al observar la profesión de nuestros padres, tenemos mayor conocimiento de ese oficio y nos puede generar interés; así como el haber nacido en una familia con fuerte convicción religiosa nos puede facilitar el camino a una vida espiritual, o el ser parte de una minoría étnica nos lleve a luchar por la igualdad.

Si alguno de los oficios, actividades o causas de los que hemos estado cerca durante nuestra infancia y juventud nos resulta interesante, es muy probable que profundicemos más en él y, eventualmente, se convierta en nuestra pasión. De lo contrario, si nunca ninguno de ellos nos llamó la atención, no lo perseguiremos. De una u otra manera, no podemos negar que nuestro capital familiar nos influencia, positiva o negativamente. Es importante reflexionar sobre este ámbito para poder descubrir, de manera consciente, nuestra verdadera pasión.

2. ¿En qué soy bueno?

Todos tenemos muchos intereses que capturan nuestra atención y entusiasmo pero, para efectos de nuestro camino de propósito, aquí nos referiremos a aquellas pasiones que serán protagonistas en nuestra vida; y para eso debemos tener las capacidades necesarias para desempeñarnos adecuadamente en ello. El nivel de exigencia de nuestras fortalezas dependerá de lo que queramos alcanzar, y también del grado de competencia que exista en el mercado.

Fortalezas

Las fortalezas son aquellas cualidades positivas, admiradas y respetadas socialmente[86] y que, por lo general, surgen desde un talento para luego, con esfuerzo y dedicación, convertirse en una fortaleza.

Se trata de capacidades que tenemos dentro de nosotros mismos, pero que debemos cultivar para desarrollar todo nuestro potencial. Su práctica aporta a nuestro propio bienestar, a tener mejores relaciones y a la posibilidad de hacer una mayor contribución a la sociedad. También nos energizan, lo cual nos hace sentir contentos, en equilibrio y con ganas de ir por más.

Conocer nuestras fortalezas nos permite saber más sobre quiénes somos y descubrir aquellas cualidades que nos pueden ayudar a llegar a ser una persona admirable si las desarrollamos plenamente. Puede que algunas crezcan con tal fuerza que tiendan a opacar las demás, pero eso no significa que no estén ahí.

Para los autores del libro *Strengths Quest,* "en cierto sentido, el desarrollo y la aplicación de nuestras fortalezas a una actividad genera el sentimiento de que estamos cumpliendo con nuestro propósito. Este emocionante y satisfactorio proceso debería traer una vida de gran satisfacción y alegría[87]".

El Instituto VIA sobre el Carácter ha clasificado las fortalezas en veinticuatro tipos, las cuales pueden tener su origen en el corazón (cuando entran en las emociones, intuiciones y relaciones), en la mente (las que son analíticas, lógicas, enfocadas en el pensamiento) o en ambas:

Creatividad	Perspectiva	Entusiasmo	Colaboración	Humildad	Gratitud
Curiosidad	Valentía	Aprecio	Equidad	Precaución	Optimismo
Criterio	Perseverancia	Compasión	Liderazgo	Autocontrol	Humor
Amor por el aprendizaje	Honestidad	Inteligencia social	Perdón	Apreciación de la belleza	Espiritualidad

Puedes tomar el test de las fortalezas Via Survey que ofrece el Instituto Via sobre el Carácter de manera gratuita en www.viacharacter.org

La fortaleza de Rodrigo

Rodrigo, un compañero de trabajo, quería saber cuáles eran sus fortalezas ya que, a su juicio, no las tenía claras. En este proceso, descubrió que su mayor fortaleza era su buen criterio. Al comienzo no le parecía muy atractiva, pues la asociaba, equivocadamente, a una actitud más bien discreta y poco creativa. Pero al reflexionar al respecto, se dio cuenta de que ser una persona criteriosa era una gran cualidad, pues le ha permitido tomar decisiones muy juiciosas, incluso en momentos de alta presión.

Durante toda su vida, Rodrigo se había lamentado por no ser lo suficientemente arriesgado, y por contenerse cuando surgían nuevas oportunidades. Pero cuando descubrió que su criterio era una de sus fortalezas características, comprendió que era un atributo y lo utilizó a su favor. Él es observador, analítico, objetivo, tiene un muy buen manejo de sus emociones y es abierto de mente, características comunes de una persona criteriosa. Se desempeña actualmente en un cargo de alta gerencia de una empresa multinacional como fiscal, trabajo en el cual su capacidad de anticipar conflictos y resolverlos de manera amistosa, le ha brindado grandes réditos.

Preguntas que te pueden servir para descubrir tus fortalezas:
¿Qué trabajos crees que haces muy bien?
¿Cuáles te salen fácilmente o te requieren menos esfuerzo que tus pares?
A lo largo de tu carrera, *¿en qué proyectos o tareas te has destacado?*

Talento

Las fortalezas se potencian cuando utilizamos nuestros talentos, y estos se perfeccionan con conocimiento y trabajo constante[88]. Por lo mismo, como ya anticipamos, si bien los talentos no son lo mismo que las fortalezas, en muchas oportunidades son la causa inicial de ellas o nos facilitan el camino para adquirirlas.

Es importante tenerlo presente, ya que solemos creer que seremos buenos solo en lo que somos extremadamente talentosos, o que debemos buscar aquello en lo que tenemos un don especial o "superpoder" que nadie más que nosotros posee. Si bien es provechoso en el caso de las pasiones que son actividades, esto no es tan cierto, pues el talento es solo el comienzo y se requiere de conocimiento, práctica y consistencia para que podamos sacarle todo su provecho.

La creencia de que el talento es como un gran regalo divino, tiene un origen religioso en el cual se considera que este representa ese "llamado" por el cual estamos destinados a servir a Dios desde los dones que nos ha regalado. Si bien los talentos son parte de quienes somos, de nuestra esencia, veremos a lo largo del libro que el camino de propósito es mucho más complejo que solo un asunto de talento.

En relación al talento, la escritora y psicóloga Angela Duckworth señala que este tiene el problema de que nos hace pensar que todo nuestro éxito depende de él, quitándole relevancia a lo que realmente importa, que es nuestra pasión y perseverancia (a lo que ha denominado *grit* en inglés y que no tiene traducción exacta al español, pero que es cercana a los conceptos de fuerza, coraje o agallas).

Para Duckworth, el talento en sí no es más que la velocidad con la que mejoramos en algo. Por lo mismo, afirma que este es solo un índice de mejora asociado a una ventaja natural, pero a fin de cuentas, el resultado final siempre estará ligado al esfuerzo. Lo que ella dice, en definitiva, es que el talento es bastante menos importante de lo que pensamos para nuestro éxito.

Quizá para llegar a ser el mejor jugador de tenis del mundo o el pintor más reconocido de nuestros tiempos se requiera de mucho talento, ya que la velocidad con la que nos perfeccionamos es la que nos hará llevar la delantera. Pero ser el mejor en algo no es la meta para la gran mayoría de los mortales, sino que nos conformamos con ser lo suficientemente buenos. Lo que importa es la forma en la que nos entregamos a aquello que queremos lograr. Como dice Duckworth, puedes tener todo el talento del mundo, pero sin la motivación necesaria para perseverar y esforzarte, tu ventaja natural dejará de ser relevante.

Al desarrollar el concepto, Duckworth considera, al igual que Darwin, que la motivación y el esfuerzo son incluso más importantes que las habilidades intelectuales: del talento sumado al esfuerzo nace una fortaleza, y de una fortaleza sumada al esfuerzo nacen los logros, por eso el esfuerzo es doblemente importante en el camino hacia el éxito.

$$\text{Talento} + 1 \times \text{Esfuerzo} = \text{Fortaleza}$$

$$\text{Fortaleza} + 2 \times \text{Esfuerzo} = \text{Logros}$$

¿Quién soy? Autenticidad y pasión

El flow

Cuando estamos haciendo aquello que nos apasiona —es decir, lo que amamos hacer y en lo cual aplicamos nuestras fortalezas— y que, al mismo tiempo, nos desafía de la manera adecuada, pasamos a experimentar una sensación exquisita, que el psicólogo Mihály Csíkszentmihályi ha denominado flow. Csíkszentmihályi lo ha definido como "aquel estado en el que los seres humanos entramos cuando nos involucramos de tal manera en una actividad, que nada más parece importar. La experiencia en sí misma es tan agradable que las personas continuarían haciéndola, aunque tuvieran que sacrificar otros aspectos de sus vidas solo para ello[89]".

El *flow* emerge cuando aquello que amamos hacer nos impone un desafío interesante para el cual tenemos el nivel de fortalezas necesarias que nos permite superarlo y crecer. Esto significa que, para llegar a ese estado, debemos ser realistas respecto al desafío que nos proponemos y a nuestras capacidades, de lo contrario, se trataría de un sueño o una mera aspiración. Si la dificultad del desafío es superior a nuestras capacidades, sentimos ansiedad o, incluso, pánico. En cambio, si es inferior a ellas, nos aburrimos y nos parece que estamos perdiendo nuestro tiempo. Se trata de encontrar el punto medio, tal como se muestra en la ilustración:

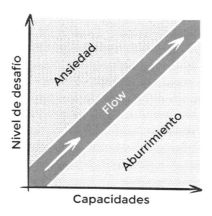

Este gráfico representa una determinada actividad para una persona en particular.

Cuando encontramos ese punto medio, entramos en un estado que nos genera placer, deleite y creatividad. Es como si fuéramos uno solo con la actividad, tanto así, que nos olvidamos de todo lo demás, llegando incluso a perder la conciencia de nosotros mismos y del transcurso del tiempo. Es lo que siente un pintor al tomar el pincel, un músico al tocar su instrumento o un deportista al jugar un partido. Es lo que yo debía sentir jugando tenis, pero que nunca ocurrió.

En el caso de mi compañera de entrenamiento en un momento de mi infancia, María Sharápova —mejor tenista de la WTA por varios años— cuando se propuso llegar a ser la número uno del mundo, sus fortalezas y talento deportivo le permitían ser realista en cuanto a sus posibilidades y, al mismo tiempo, tener una carrera deportiva marcada por momentos de *flow*. Mi caso fue diferente; para mí era un sueño, estaba en el mundo de la ilusión, no de la realidad, y eso mismo me impidió vivir ese estado de *flow* en el tenis.

Personalmente, he vivido estados de *flow* de adulta. De hecho, escribir este libro ha sido probablemente una de las experiencias de *flow* más poderosas de mi vida. He puesto todo mi corazón y atención en él, y he disfrutado cada momento del proceso. Ese solo hecho hace que "valga la alegría[90]" el haberlo escrito. He podido confirmar hasta qué punto el *flow* nos lleva a disfrutar del momento presente, del proceso en el cual ponemos toda nuestra atención en la actividad misma y nos desprendemos del resultado final que, en este caso, sería acompañar a las personas en su transformación hacia una vida más plena.

Propósito y pasión no son lo mismo

Muchos hablan de pasión como si fuese sinónimo de propósito. Eso sucede cuando se utilizan términos como el llamado (o *calling*), la chispa (o *spark*) o la vocación, que más bien hacen referencia a la pasión como si fuese el único elemento del propósito. No lo es, pero puede ser el que más nos cueste descubrir (aquella actividad que amamos hacer o esa causa por la cual estamos dispuestos a luchar) y, por eso, resulte tan interesante para el público en general.

La pasión alude a nuestras emociones, mientras que el propósito, además de las emociones, incluye a la razón detrás de estas. Como dice Angela Duckworth, si bien las personas más apasionadas generalmente muestran altos niveles de propósito, este no es un requisito. Es decir, se puede ser un villano apasionado.

El *Golden Circle*, de Simon Sinek, es una muy buena herramienta para explicarlo. Él habla del "por qué", del "cómo" y del "qué" de aquello que hacemos. En este esquema, la pasión[93] afecta el "por qué" lo hacemos y el "qué" hacemos, pero no considera el "cómo" lo hacemos. El camino de propósito, a diferencia de la pasión, la forma "cómo" hacemos las cosas tiene especial importancia, como se irán dando cuenta a lo largo de este libro.

Por eso el camino del propósito es un concepto más complejo y completo que la pasión pues afecta a nuestro "por qué", "cómo" y "qué".

PASIÓN

CAMINO DEL PROPÓSITO

3. ¿Puedo vivir de ello?

Siguiendo con el *ikigai*, y para aquellos objetivos que se centran en el ámbito del trabajo, la sostenibilidad financiera —es decir, aquello por lo cual nos pueden pagar— es un importante cable a tierra. Sobre todo para los que estamos dispuestos a dejarlo todo por hacer del mundo un mejor lugar. Lamentablemente, no basta con que amemos lo que hacemos y seamos muy buenos en ello en el ámbito del trabajo, sino que también nos debe servir como sustento de vida. Si bien puede sonar como algo obvio, cuando la motivación es tan fuerte, es frecuente pasar por alto este factor, como le sucedió a mis amigos Ignacio y Tomás.

A Ignacio y Tomás los une una gran amistad, pero también una profunda convicción: el querer aportar con su trabajo a un mundo mejor. Para cumplir su sueño crearon su propia organización, la Fundación Interpreta, que ha realizado distintos proyectos innovadores para avanzar hacia la no discriminación, ya sea por razones de raza, género o religión[92].

Estos proyectos generaron un gran impacto social, pero como carecían de un modelo de negocio que los hiciera sustentables, no tuvieron la continuidad esperada. Se ganaron fondos públicos y también consiguieron auspicios de empresas, lo cual les sirvió por un par de años, pero esto no hacía viable los proyectos a largo plazo. Sin embargo, la convicción de ambos era tan profunda, que en lugar de cerrar la Fundación —que es lo que suele suceder cuando no hay financiamiento— decidieron dividirse para mantenerse unidos. Tomás se quedó administrando la Fundación, mientras que Ignacio se instaló con una consultora de *social intelligence*, que es su *expertise*. Los ingresos que genera la consultora son los que hoy les permiten financiar sus gastos de vida y, así, pueden seguir generando impacto positivo a través de la Fundación.

El dinero, como forma de sustentar nuestras vidas, es igual de importante que los otros elementos. Si bien este es el aspecto menos inspirador de la filosofía japonesa es, sin lugar a dudas, el más realista. Hay que ser prácticos... ¡no se vive del aire! Si no tenemos claro cómo vamos a pagar nuestros gastos a fin de mes, toda nuestra atención y energía se volcarán a eso y desatenderemos nuestro camino de propósito.

Con esto no estoy sugiriendo que no persigan sus sueños —todo lo contrario, ¡háganlo!—, pero hay que planificarlos muy bien antes. Es importante considerar el momento adecuado para comenzar este camino. En lugar de lanzarse impulsivamente, es aconsejable partir de a poco. Lo que hacen muchas personas es que inicialmente trabajan en sus proyectos por las noches, después de sus empleos formales, hasta que estos empiezan a tomar forma, permitiéndoles a sus creadores tener algún grado de certeza de que podrán vivir de ellos. Solo entonces se aventuran.

En este caso, el mejor consejo es pensar de manera creativa y flexible, de modo que podamos reinventarnos, ver nuevas oportunidades y generar un modelo sostenible a partir de nuestros objetivos.

Es muy probable que varios de nosotros hayamos querido ser futbolistas o cantantes en nuestra infancia, pero una cosa es jugar en el equipo del colegio o cantar en los eventos de fin de año, y otra muy distinta es dedicarse a ello. En el caso del futbolista, si nos gusta tanto y somos muy buenos a nivel amateur, debemos también evaluar si estas condiciones son suficientes como para jugar en un equipo profesional. De lo contrario, no podremos vivir de ello y sería equivocado ponerse como objetivo el profesionalismo en estas disciplinas. Suena duro y tajante, pero si no contribuye a solventar nuestros gastos de vida, corremos el gran riesgo de que se transforme en una pesadilla más que en una forma de alcanzar el propósito. Como bien decía Maslow, si las necesidades fisiológicas no están plenamente cubiertas, nuestra motivación se dirigirá solo a satisfacer éstas, dejando fuera cualquier otra necesidad de nivel superior en la pirámide.

Aristóteles se refirió a esto al hablar de la autosuficiencia o *autárkeia*, que se refiere a las personas que son financieramente independientes y no requieren del apoyo económico de nadie para sobrevivir. Se trata de una independencia moral, dice el filósofo, ya que contar con un ingreso adecuado nos permite tener la libertad necesaria para poder preocuparnos de alcanzar nuestra felicidad y, por lo tanto, es una responsabilidad para quien desea vivir una buena vida.

Si amas hacer algo y tienes las fortalezas necesarias para ello, pero no te pueden pagar por hacerlo, eso no debería ser tu actividad principal. Por supuesto que puedes seguir realizándola, pero no dedicarle la mayor parte de tu tiempo. Muchas personas que conozco, al igual que yo, iniciamos nuestro camino a través del voluntariado. Cuando nos dimos cuenta de que el llamado era profundo, decidimos arriesgarnos transformándolo de una actividad accesoria a nuestra actividad principal. Este puede ser un plan de acción a mediano plazo.

Como lo abordamos anteriormente, el dinero, en la filosofía de vida del propósito, no puede ser un fin en sí mismo sino un medio para lo que queremos lograr. Sin embargo, si no consideramos el aspecto financiero que supone la viabilidad de nuestro proyecto y gastos de vida, el dinero aparecerá como un escollo central y sucederá justamente lo que queremos evitar: se transformará en un fin en sí mismo. Planificar este tema nos permitirá no caer en esta contradicción.

* * *

El orden en el cual iniciamos la búsqueda de nuestra pasión es muy importante. Si partimos por aquello que es sostenible financieramente o por nuestras fortalezas, es probable que estemos restringiendo nuestras opciones de disfrutar los que hacemos. Como dice Ben-Shahar, para poder encontrar nuestra pasión, lo más aconsejable es partir por aquello que amamos hacer y, luego, ubicar todo lo demás, pues trabajar en lo que nos apasiona no solo mejorará nuestro rendimiento, sino también nuestra felicidad.

Time Out

En relación a tu "objetivo P", responde las siguientes preguntas:

1. ¿Sientes que aplican las siguientes propiedades?

a) Es placentero (te lleva a sentir emociones agradables).
b) Estimulante (despierta tu creatividad).
c) Es algo para lo que eres bueno (te permite aplicar tus fortalezas).
d) Te hace perder la noción del tiempo.

2. ¿Cuán prioritario es este objetivo en tu vida?

3. ¿Cuánto esfuerzo estás dispuesto/a a invertir para alcanzarlo?

4. ¿Tienes un plan a corto o mediano plazo que te permita dedicarte a él?

5. ¿Hasta qué punto estás dispuesto/a a arriesgar tu nivel de ingresos con tal de conseguir tu objetivo?

Recomendaciones durante el proceso de autoconocimiento[93]:

1. Observar tus creencias: permítete observar tus propios pensamientos, sentimientos y acciones. Analiza la interpretación que tienes de cada área de tu vida, cuestiónala, no creas todo lo que te muestra tu mente. Conviértete en un investigador de la historia que hoy te cuentas y transfórmala en una más coherente con tu verdadero yo: aquel que abre espacio para dejar ir el control, para permitir que aparezca un nuevo modo de relacionarte contigo mismo, con tus sueños y tu propia capacidad de materializarlos.

2. Conectar con tus sueños: pregúntate: ¿qué haría si tuviese todo el dinero y el tiempo del mundo? ¿Cómo me gustaría que fuese el planeta en cien años más? ¿Qué me llena de emoción y, al mismo tiempo, me hace perder la noción del tiempo?

3. Reconocer tus miedos: reflexiona acerca de qué es lo peor que podría pasar si vas tras ese sueño que tenías de niño/a. Si no tuvieses ese miedo, ¿qué harías?

4. Avanzar un paso: Roma no se construyó en un día. Los imperios han comenzado con un pequeño peldaño. Conversa contigo mismo. ¿Con qué paso me puedo comprometer hoy, para avanzar en coherencia con ese sueño? Avanza a pesar del miedo, con coraje y valentía, hacia tu propia autenticidad.

5. Establecer límites: profundiza en los desafíos que aparezcan, y reflexiona con determinación acerca de los límites que decidas poner en tu camino. Que esos límites te desvíen de todo aquello que te aleja de quién eres y de quien quieres ser.

CAPÍTULO VIII

Mi lugar en el mundo

Sentido de la vida y trascendencia

El propósito transcurre en el hacer, es decir, cuando nos situamos activamente en el mundo. En esa interacción en donde buscamos ser coherentes entre quienes somos y lo que hacemos, así como también contribuir a algo más grande que nosotros mismos. Por eso, los "objetivo P" y las metas que nos fijemos han de hacernos sentido y nos deben llevar a trascender.

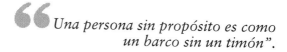 *Una persona sin propósito es como un barco sin un timón".*

Thomas Carlyle.

Así, cuando la persona vive con propósito, comienza a conducir su nave sobre los mares de la vida con rumbo seguro y firme, en vez de ser echada de un lado a otro como un juguete".

Thomas Carlyle.

Tercer elemento:
Sentido de la vida

66 *Quien tiene un porqué para vivir, puede soportar casi cualquier cómo".*

Friedrich Nietzsche.

66 *"El secreto de la existencia humana consiste no solo en vivir, sino en hallar el motivo de vivir, saber para qué se vive".*

Fyodor Dostoyevsky.

Las preguntas acerca del sentido de la vida se remontan a la Antigua Grecia: ¿cuál es el origen y naturaleza de la vida? ¿Cuál es su significado o valor? ¿Quiénes somos? ¿Para qué estamos aquí? Todas estas interrogantes han sido objeto de estudios en la filosofía, teología, psicología y las ciencias, sin llegar a un consenso que nos permita dar respuestas a estas grandes preguntas sobre lo que brinda sentido a nuestras vidas.

Por el tipo de preguntas, podrán apreciar las semejanzas entre el sentido y el propósito. De hecho, gran parte de los autores tiende a utilizar los dos conceptos como sinónimos[94]. Si bien son muy similares, reducirlos a lo mismo implica perder la riqueza que cada uno conlleva. Por eso, para efectos de la metodología del *telos*, los consideraremos como conceptos complementarios, pero en una relación de género-especie: hemos situado al sentido como un elemento del propósito, es decir, vivir con propósito le otorga un sentido a nuestras vidas. Esto, sin dejar de reconocer que existen otras teorías que consideran que el propósito es un elemento del sentido y no a la inversa como lo planteo aquí.

Así, el sentido de la vida es un elemento del propósito por las siguientes razones:

1. Unifica cognitivamente nuestra intención con los "objetivos P".
2. Nos posibilita hacer un relato sobre nuestra estadía en el mundo.
3. Nos permite percibir nuestra vida como significativa o importante.

Profundizaremos a continuación sobre cada una de ellas.

Unifica la intención con los "objetivos P" en el tiempo

Los seres humanos tenemos la capacidad de dotar de sentido a lo que nos sucede en nuestra trayectoria vital. Esto es lo que nos permite unificar las distintas vivencias, abstrayéndonos de lo concreto de cada una de ellas. A través de este ejercicio es que logramos unir intelectualmente nuestra intención con los objetivos que nos fijamos. Si los "objetivos P" no nos hacen sentido, es porque simplemente no son coherentes con quienes somos.

El ejercicio de unir nuestra intención con los objetivos es algo que realizamos permanentemente, desde los aspectos más simples a los más complejos de nuestro diario vivir. Aquello que no nos hace sentido, nos parece absurdo, y por eso lo evitamos.

Luis siempre ha creído en la familia como una institución legalmente constituida, pero nunca estuvo en su radar la posibilidad de casarse, pues en su país el matrimonio homosexual no es una opción. A los dos años de noviazgo con Jaime, se les presentó la oportunidad de vivir en el extranjero. Migraron a un país más moderno y con una legislación más igualitaria. No lo dudaron y se casaron. Para ellos era importante jurarse, ante el Estado, fidelidad para toda la vida, aun a sabiendas de que no sería reconocido como tal cuando retornen a su país.

La historia de Javier y Juan es diferente. Llevan más de veinte años juntos, viviendo bajo el mismo techo, tienen dos perros y un gato que son como sus hijos. Hay romanticismo, amistad, y patrimonialmente comparten todos sus bienes a través de una sociedad que constituyeron con ese fin. Para ellos, y a ojos de todos, su relación es un compromiso para toda la vida, aunque nunca lo han formalizado bajo un contrato como el matrimonio. Para Javier y Juan, este tipo de ceremonias no tiene ningún valor y descartan que sea necesario para afianzar su vínculo.

La capacidad de hacer sentido opera en un plano muy personal, nadie más que uno mismo sabe si algo le hace sentido en su vida o no. Para algunos el matrimonio puede hacer sentido mientras que para otros simplemente no. Si bien opera casi automáticamente, podemos profundizar en el sentido que le damos a los acontecimientos si contamos con un mayor nivel de consciencia. Los seres humanos somos unas máquinas de construir sentido, pero la calidad e impacto que tenga en cada uno estará determinada, en gran parte, por nuestra capacidad de observar y reflexionar sobre ellos.

A lo largo de este proceso, buscamos establecer conexiones entre emociones, ideas, recuerdos, eventos, personas y objetos que no están físicamente relacionados entre sí[95]. Y por ese motivo, representa el nivel más sofisticado de interpretación de la información[96]. En palabras de Michael F. Steger, "el sentido es una red de conexiones, entendimientos e interpretaciones que nos ayudan a comprender nuestra experiencia y formular planes que nos ayudan a dirigir nuestras energías al logro del futuro que deseamos[97]". Solo entonces logramos percibir que aquello que somos tiene un nivel de correspondencia o coherencia con aquello que hacemos en el mundo.

Entonces, tal como señala Mihály Csíkszentmihályi, hacemos sentido de nuestra vida cuando tenemos certeza de que los objetivos que nos fijamos están conectados en torno al propósito, entre los cuales existe un orden temporal y una relación causal[98].

Este atributo del ser humano no podría aplicarse en toda su magnitud si no fuese por nuestra capacidad de tener esperanza. El relato sobre nuestras vidas implica una unidad en el continuo del tiempo, unificando nuestras memorias del pasado con el presente y el futuro. Y aquello que nos permite hacer esa conexión en el tiempo, o más bien, vincular nuestra intención (pasado y presente) con nuestros objetivos (futuro), es la esperanza.

La esperanza es una capacidad de evolucionar en el tiempo, de ser en el tiempo, que nos permite tener o mantener una dirección y no sucumbir ante la angustia que provoca el paso del mismo. Ricardo Capponi la denomina "el placer en la espera", pues es lo que nos permite disfrutar del recorrido. Es esa sensación agradable que emerge cuando sabemos que algo bueno, o que tanto anhelamos, llegará. Por ejemplo, saber que algún día mi libro será publicado es lo que me mantiene motivada durante el proceso de escritura, aunque no tenga certeza de cuándo llegará ese momento.

Construir nuestro propio relato

Cada vez que tratamos de comprender nuestra vida y lugar en el mundo, nos estamos contando una historia sobre nosotros mismos y nuestro paso a través del tiempo. De este relato se desprende un sentido, como dice Yuval Noah Harari: "Cuando buscamos el sentido de la vida, queremos un relato que explique cuál es nuestra realidad y cuál es nuestro rol concreto en el drama cósmico. Este papel nos convierte en parte de algo más grande que uno mismo y da sentido a todas nuestras experiencias y elecciones[99]".

Harari señala que, en la práctica, todos los relatos son incompletos, pero eso no es impedimento para construir sentido; basta con que tengamos un papel que desempeñar y que este sea más grande que nuestros horizontes. No tiene que ser verdadero para todos, mientras lo sea para nosotros. Podría ser mera ficción, y aun así darnos una identidad y hacernos sentir que nuestra vida tiene un sentido. Sin este proceso cognitivo, la vida sería simplemente una serie de eventos aislados que no se agregarían en un todo unitario y coherente. No tendríamos cómo explicarnos nuestro paso por el mundo.

Sentir que nuestra vida es significativa

Una vida con sentido nos hace experimentar que nuestra trayectoria vital es importante[100]. Que tenemos un lugar en el mundo y que lo que hacemos es significativo para nosotros y quienes nos importan. Es decir, no nos permite pensar que nuestra vida da igual: las cosas que hagamos, por más pequeñas o sencillas que sean, sí merecen nuestro compromiso y dedicación[101].

En ocasiones, buscar significado en nuestras vidas puede resultar doloroso para el alma, pero igualmente contribuir a nuestro camino de propósito. Nos puede generar dolor, lucha o incluso rabia, pero una vez alcanzado, es de aquellas cosas de las que estamos orgullosos y plenos de haberlas hecho.

¿Cuáles son aquellos objetivos que nos parecen tan importantes que estamos dispuestos a dejarlo todo por ellos? O como dice Mark Manson, la vida se trata de un constante solucionar problemas, y resolverlos es lo que le da sentido. No podemos huir de ellos (eso sería entrar en negación) ni liberarnos completamente, pues cuando resolvemos uno, nuestra mente siempre encuentra la forma de inventar otro. Pero sí podemos elegir problemas que nos importe resolver, y así no vernos envueltos en un constante solucionar obstáculos que nos importan un carajo, la vida tendría mayor sentido.

La respuesta a esta pregunta es probablemente una de las más debatidas y en la cual aún no existe consenso. Al hablar de los objetivos que son importantes, nos referiremos a las fuentes de sentido.

Las fuentes de sentido

Cada necesidad que buscamos satisfacer implica, de cierta forma, resolver un problema. Su búsqueda y resolución es lo que origina el sentido en nuestras vidas y, por eso, se convierte en una fuente de sentido.

¿Por qué tenemos las necesidades o deseos que tenemos? Nadie ha podido dar una respuesta satisfactoria a esta pregunta. Lo único que sabemos es que nuestras necesidades y deseos están, en alguna medida, determinados por nuestra biología, historia y cultura, como veremos a continuación.

Irena Sendler nació el 15 de febrero de 1910, en Polonia. Su padre, Stanisław, era un médico muy reconocido en Varsovia, su ciudad natal. Con una historia de valentía y propósito admirable, falleció cuando Irena tenía apenas siete años. En ese entonces, se había propagado una epidemia de tifus que amenazaba la vida de los habitantes de la ciudad, y Stanisław fue uno de los pocos médicos que se atrevió a tratar a los enfermos, a sabiendas del alto riesgo de contagio que involucraba. Muchos de los pacientes que su padre logró salvar eran judíos.

Cuando falleció, en un gesto de retribución y agradecimiento, estos ofrecieron pagar la educación de Irena. El fuerte vínculo que ella generó desde su infancia con el pueblo judío en Polonia, la llevó a defender la igualdad de derechos que se les estaba negando en toda Europa. Justo antes del inicio de la Segunda Guerra Mundial, Irena se opuso fervientemente al sistema de discriminación adoptado por algunas universidades, por lo cual fue suspendida en la Universidad de Varsovia por un largo período.

Así, decidió estudiar Enfermería inspirada en el legado de su padre y sus innatas habilidades para cuidar y empatizar con los más desvalidos. Cuando Alemania invadió Polonia en el año 1939, Irena trabajaba en el Departamento de Bienestar Social de Varsovia, que llevaba los comedores comunitarios de la ciudad. A esos comedores acudían miles de personas diariamente en busca de algo de alimento, medicamentos, atención de salud y abrigo.

En 1940, los nazis comenzaron a confinar a los judíos en barrios específicos, y crearon el gueto de Varsovia. Irena, horrorizada por las condiciones en las que se vivía allí, se unió al Zegota (Consejo de Ayuda a Judíos), y logró obtener un permiso para entrar al gueto sin restricciones. Una vez allí, generó todos los contactos necesarios para sacar con vida a la mayor cantidad de niños.

El trabajo de convencer a los padres para que dejaran sacar a sus hijos del gueto fue extremadamente duro, pues como ellos se quedaban adentro, debían asumir que probablemente nunca más los volverían a ver. Irena no les podía dar garantías de que sus hijos se mantendrían con vida, lo que volvía todavía más difícil la situación. Pero lo que todos sabían con certeza es que, de quedarse ahí, esos niños morirían. Irena fue una luz de esperanza. En su misión, logró salvar a más de dos mil niños judíos, arriesgando su propia vida.

Irena tuvo que enfrentar grandes problemas para lograr salvar a cada uno de esos niños. Sin embargo, fueron problemas elegidos por ella, lo que demuestra el poder que tiene el sentido de la vida en nuestras decisiones; tanto así, que estamos dispuestos a hacer enormes sacrificios personales en busca de un bien mayor. El sentido de la vida es probablemente el elemento más ingrato del propósito, dado que no implica necesariamente goce emocional alguno. Supone una generosidad tal, que podemos llegar a arriesgar la propia vida en pos de nuestra contribución a una causa o destino colectivo que sobrepasa por mucho las estrictas coordenadas personales.

Décadas después, cuando le preguntaron durante una entrevista por qué lo había hecho, ella respondió: "La razón tiene su origen en mi hogar, en mi infancia. Fui educada en la

Mi lugar en el mundo
Sentido de la vida y trascendencia

creencia de que una persona necesitada debe ser ayudada de corazón, sin mirar su religión o su nacionalidad[102]".

Irena fue reconocida como Justa entre las Naciones, el más alto reconocimiento que confiere Israel a quienes ayudaron al pueblo judío durante el Holocausto. Además, recibió la más alta distinción civil de Polonia, al ser nombrada dama de la Orden del Águila Blanca.

* * *

En el caso de Irena, la necesidad de salvar la vida de los niños judíos gatilló en ella una necesidad de contribuir a una causa más grande. Pero existe un sinfín de necesidades que también contribuyen a dotar de sentido nuestra vida. Aterrizándolo a situaciones más cotidianas (o menos heroicas), por ejemplo, si tenemos miedo de que nos despidan del trabajo, tendremos una mayor necesidad de seguridad por satisfacer y subsanar si no queremos caer en la angustia. O si recién nos dejó nuestra pareja por otra persona, nuestra autoestima recibirá un serio remezón que probablemente hará que queramos paliar esta carencia.

Lo anterior, nos lleva a revisar las distintas formas de clasificar estas necesidades o fuentes de sentido, para lo cual seguiremos utilizando la pirámide de Maslow que ya conocemos[103]:

1. *Seguridad*	Cada individuo necesita tener algún grado de certeza y estabilidad en su vida. Esto tiene relación con algunas seguridades básicas, de carácter más bien material, como saber que tenemos un techo del cual no nos pueden despojar, un trabajo que nos permitirá solventar los gastos de vida, que dispondremos de atención médica cuando la necesitemos, o que al salir a la calle no seremos objeto de agresiones.
2. *Pertenencia*	Los seres humanos somos criaturas sociales. Nuestra biología nos dispone a la necesidad de generar vínculos con otras personas, conectarnos, cooperar y reproducirnos para aumentar nuestras posibilidades de sobrevivencia como especie humana. El deseo de conectar con los demás es tan importante en nuestras vidas como la necesidad de buscar alimento o placer[104]. La necesidad de ser parte de algo, ya sea formando una familia, construyendo relaciones íntimas, amistades o grupos de trabajo, es la fuente más recurrente de sentido. Respecto a esto hay consenso en la literatura.

3. *Autoestima*	La necesidad de autoestima o de amor propio nos interpela a hacer una evaluación de nosotros mismos. Nos invita a sentir y conocer el valor de nuestra propia vida. Es la necesidad de sentirnos cómodos al ser auténticos y al poner en práctica nuestras capacidades. En este proceso, también buscamos validarnos ante terceros, sentirnos orgullosos, admirados y respetados por quienes nos rodean. La verdadera medida de la autoestima de una persona no se determina por sus experiencias positivas, sino más bien por cómo maneja las negativas[105]. Tener una autoestima adecuada es necesario para un correcto funcionamiento humano[106].
4. Autorrealización	La autorrealización responde a una de las necesidades más elevadas del ser humano: la de desarrollar sus potencialidades al máximo. Intentar ser la mejor versión de uno mismo o ser todo aquello que podemos llegar a ser. Nuestra evolución como especie nos incita a buscar el propio crecimiento. Necesitamos desarrollarnos constantemente en lo físico, emocional, intelectual y espiritual. Esto nos mueve a querer sobresalir, ser los mejores, dominar un arte, progresar permanentemente o a profundizar nuestro saber. Supone desafiarnos continuamente y requiere de cierta astucia, práctica, suspenso, adaptación al cambio y altos niveles de curiosidad. También demanda coraje para salir de la zona de confort y adentrarnos en la de crecimiento.
5. *Trascendencia*	Trascender es ir más allá, es decir, fuera de los límites que impone el plano físico, material o perceptible por los sentidos. Por eso mismo, siempre requiere que exista algo más grande que nosotros. Podemos trascender de distintas maneras, por ejemplo, cuando amamos a otra persona, creamos algo nuevo o distinto, al inspirar a los demás o al servir a otros. Sobre este asunto central del propósito profundizaremos a continuación.

Los *"objetivos P"* que nos fijemos pueden satisfacer una o más necesidades al mismo tiempo. Por ejemplo:

Fabiola: ha vivido siempre en el mismo lugar y está muy cómoda así, pero un gran amigo la ha invitado a sumarse a su emprendimiento en el cual participan otros jóvenes, igual de apasionados que ella por el medio ambiente, que buscan soluciones tecnológicas para promover la economía circular.

· *Fuente de sentido:* pertenencia y trascendencia.

Enrique: quiere ascender en su trabajo. Lleva varios años haciendo carrera como docente en la misma universidad, con la apuesta de lograr acceder a otros cargos directivos que le permitan implementar nuevas técnicas de aprendizaje en los alumnos de Filosofía. Sabe que tiene las capacidades necesarias y que puede darle un giro a la carrera:

· *Fuente de sentido:* autoestima y autorrealización.

Quizá resulta algo obvio, pero no cualquier necesidad o problema es apto para darle sentido a nuestra vida. Deben tratarse de necesidades importantes y que impliquen un periodo de tiempo para satisfacerlos. Encontrar el vestido más bello para la fiesta del fin de semana, o elegir bien el restaurante donde almorzaré con mis amigas, si bien satisfacen necesidades más inmediatas, no son de aquellas que generan el sentido que buscamos aquí.

Al mismo tiempo, no todo lo que hagamos nos va a generar ese tipo de sentido. En realidad, lo más frecuente es que, a medida que maduramos, las cosas que realmente nos importan se vayan reduciendo, y las que vamos eligiendo se hagan aun más relevantes. Sin darnos cuenta, cuando vamos optando por aquellas cosas que nos hacen sentido, vamos definiendo nuestros valores, quiénes somos en lo más profundo.

Ejercicio: de las experiencias peak

Las experiencias peak son aquellas situaciones en las cuales sentimos una intensa alegría, paz y bienestar y que nos hacen sentir que nuestra vida es significativa, aunque sea por cortos períodos de tiempo. Todos hemos vivido ese tipo de momentos alguna vez en la vida. Son eventos que deberían aparecer fácilmente al recordar nuestro pasado, ya que al haber removido nuestras emociones, quedan grabados en la memoria.

Me gustaría invitarlos a hacer este ejercicio de descubrimiento. Para ello, es necesario que se tomen unas horas y que, en lo posible, se encuentren en un estado de calma, paz interior e idealmente en un lugar en que tengan contacto directo con la naturaleza. Cuando esto ocurra, comiencen a recordar aquellas experiencias, situaciones, eventos o momentos que les evoquen un sentimiento de felicidad por alguna o todas estas razones:

1/ Los recuerdan con orgullo.

2/ Se sienten agradecidos de que aquello haya ocurrido.

3/ Sienten que dichas experiencias o situaciones fueron totalmente auténticas.

4/ Repetirían dichas experiencias si se dieran las circunstancias (aunque esto sea hipotético, considerando que, probablemente, nuestra edad ya no es la misma que cuando estas se produjeron).

5/ En general son experiencias sencillas que a simple vista no tienen mayor significado o relevancia para el público en general, pero por alguna razón han marcado tu vida. Este sello es lo que las hace especiales solo para ti.

Hice este ejercicio hace algunos años y me llevó un par de meses revivir aquellos momentos que habían sido más significativos para mí (me tomó bastante más que unas horas). Fue un proceso progresivo, como si un recuerdo me llevara a otro, y así sucesivamente, hasta que los pude desarrollar en orden cronológico. Fue sorprendente darme cuenta de que entre ellos existían varios patrones comunes que si los miraba en perspectiva, decían bastante de quién era y de mis valores.

Sin duda, este es un ejercicio que me ha ayudado a conocerme mejor y a entender cuáles son aquellas cosas que me importan tanto que estoy dispuesta a sobrellevar emociones negativas por ellas.

Para poder ilustrar mejor su alcance, les quiero compartir a continuación mi ejercicio de experiencias peak, que fue un recorrido clave para saber mejor quién era yo, para autoconocerme, y poder construir mi propio camino de propósito en el ámbito que más me ha costado: el del trabajo. Y espero que para ustedes sea tan provechoso como lo fue para mí.

Experiencias peak que me abrieron los ojos a lo realmente importante:

Thanksgiving

Esta experiencia tuvo lugar en mi adolescencia. Como mencioné antes, a los quince años vivía en una academia de tenis en la ciudad de Tampa, Florida. Allí había jóvenes de todo el mundo que soñaban con ser tenistas profesionales. Era el mes de noviembre, el Día de Acción de Gracias (Thanksgiving), la festividad más importante para la cultura norteamericana, en la cual se reúnen las familias a dar gracias por las cosas buenas de la vida junto a una contundente comida.

Estaba sin mi familia y no era una festividad que sintiera como propia, pues nunca la había festejado antes. No llevaba tanto tiempo en Estados Unidos como para haberla asimilado, pero igualmente acepté con entusiasmo la invitación de Mrs. Becky, mi profesora de inglés en ese entonces, para ir a un comedor social a acompañar a las personas en situación de calle de la ciudad. No tenía mucha idea de qué se trataba o qué íbamos a tener que hacer, pero mi reacción fue automática, al igual que la de otros tres voluntarios de la academia que se sumaron (sí, muy pocos se anotaron).

Llegamos al comedor comunitario de la zona, que estaba impecable, las mesas puestas con mantel y loza de verdad —no desechable— y un mesón enorme lleno de abundante comida que se veía deliciosa (a los voluntarios no nos dejaban probar). Me sorprendí al ver el lugar, no esperaba encontrarme con un banquete tan "suntuoso", por decirlo de algún modo.

Había bastantes comensales, pero menos de lo que permitía la capacidad del lugar y demasiados voluntarios (muchos más de los que se necesitaban). Se nos comunicó que teníamos que hacer una fila para armar las bandejas y luego llevarlas a las mesas para que los comensales se sintieran bien atendidos.

A diferencia de lo que yo creía, el hambre no era el problema. Me dio la impresión de que las personas que se encontraban en torno a las mesas no venían en búsqueda de comida, sino más bien de compañía, de alguien con quien conversar. Entonces desobedecí las instrucciones que se habían dado a los voluntarios y seguí mi intuición.

Sentía que, si me quedaba allí con Mrs. Becky y los demás voluntarios únicamente mirando, la experiencia no tendría sentido. Percibí la soledad de esa gente. Y los entendía, yo también me sentía sola. Entonces me fui sentando con cada uno de ellos, y uno por uno, me contaron sobre sus vidas y me preguntaron por la mía. Me di cuenta que, de algún modo, hacerles compañía y escucharlos era mucho más importante para todos que el hecho de servirles comida. Me sentí útil y auténtica al mismo tiempo… algo que no sentía habitualmente, pero que me gustó.

Cada uno de esos diálogos fue en sí mismo extraordinario y enriquecedor. Para mi sorpresa, comprendí que tenía mucho más en común con aquellas personas de lo que jamás habría imaginado. Desde ya, compartíamos un mismo dolor, que era estar lejos de la familia, precisamente en esa festividad que te recuerda a gritos la importancia de ese círculo.

Una semana después de ese episodio, me llegó una carta de un exprofesor del colegio que me había dado clases de historia el semestre anterior. En el sobre había un recorte del diario local *Tampa Bay Tribune*, del 24 de noviembre del año 2000, en el cual salía mi foto en el comedor ayudando en la cena de *Thanksgiving*. La carta del profesor decía algo como: "Sharoni, hay un mundo inmenso allá afuera, sigue tus instintos, tú tienes mucho que entregar y verte en esta faceta me ha hecho inmensamente feliz".

Foto: recorte del diario local.

Con los años, he llegado a comprender que esa experiencia me permitió, de alguna manera, conectarme con la universalidad de lo humano. Además, fue la primera vez que tomé una actitud proactiva frente a una situación, lo que me conectó con una energía interior que desconocía y me sentí auténticamente yo misma, libre desde el minuto en que elegí seguir mi instinto en lugar del guion acordado. También tuve por primera vez la percepción de la gratificación que proviene de contribuir, aunque solo sea por unas horas, al bienestar de los demás. Y descubrí una fortaleza que desconocía hasta entonces: mi capacidad de empatizar y conectar con los otros.

Mi lugar en el mundo
Sentido de la vida y trascendencia

Fundación Techo

A los dieciocho años volví a Chile y entré a la universidad. Un día, cerca de finalizar el primer año de la carrera de Derecho, una de mis amigas nos invitó a una reunión de la fundación Techo para Chile (hoy Techo), en la cual nos pidieron ayuda para preparar la campaña de recolección de fondos para los trabajos de invierno.

La campaña consistía en entregar a quienes donaran dinero en la calle unos saquitos con carbón adentro. Esa idea me pareció absurda, un esfuerzo sin mucho sentido. Pero era la primera vez que me conectaba con una fundación, y buscaba establecer una manera de contribuir permanentemente y no una experiencia de una noche de sábado. Luego tuve la oportunidad de escuchar una conversación de los coordinadores sobre el modelo de erradicación de campamentos que estaban poniendo en práctica. "¿Qué es eso?", pensé yo. Entonces me explicaron qué era un campamento (es decir, terrenos ocupados ilegalmente, con viviendas muy precarias, familias en condiciones de hacinamiento y sin acceso a servicios básicos). Las personas que vivían en esas condiciones podían optar, con la ayuda de la fundación, a subsidios del Estado para obtener, algún día, una vivienda propia y definitiva.

Esto de la erradicación sí que me hacía mucho sentido. Todos tenemos derecho a nuestra propia vivienda y a vivir sin temor a que nos puedan echar en cualquier momento. Era un asunto importante por lo que, instantáneamente, surgió mi interés por involucrarme.

Comencé a colaborar con la Fundación Techo en un proyecto que consistía en la erradicación del campamento Sagrada Familia en la comuna de Renca. Se trataba de relocalizar a las sesenta familias que lo integraban en un barrio de viviendas definitivas. Después de una intensa búsqueda, con los subsidios estatales logramos comprar el terreno vecino y se realizó la tan anhelada construcción de las viviendas sociales. Fueron cinco años de trabajo arduo, que a esa edad se siente como una vida entera, pero fue, con creces, el resultado más satisfactorio de cualquiera de los trabajos que haya hecho; una experiencia que me enorgullece hasta el día de hoy y que me dio las primeras luces sobre mi camino de propósito: contribuir al bienestar de los otros me completaba.

Es curioso y gratificante constatar que en estos últimos años me he reencontrado con muchos de los jóvenes que trabajaban en la Fundación Techo en ese entonces. Pareciera ser que las fundaciones que fomentan el voluntariado juvenil siembran en muchos de nosotros esa semilla de propósito que hace que, tarde o temprano, lo volvamos a buscar de adultos. Hago hincapié en esto, ya que creo firmemente que los voluntariados deberían no solo ser evaluados en relación a los resultados materiales para sus beneficiarios directos, sino también como un mecanismo efectivo de desarrollo de capital cultural y social de los jóvenes voluntarios.

Esta vivencia me enseñó un sinfín de cosas sobre mí: que las satisfacciones más grandes de la vida requieren de mucho esfuerzo, que salir de las propias certezas permite un aprendizaje fundamental para el crecimiento personal, que podía lograr cualquier cosa que me propusiera si ponía todo mi corazón en ello, que los problemas importantes requieren de soluciones comunitarias y, sobre todo, que la riqueza humana es infinita, que no existe ninguna diferencia socioeconómica, religiosa o generacional que nos pueda dividir cuando existe un propósito común.

En misa con la dirigente del campamento Parcela 4 Luz Muñoz y su familia.

Práctica profesional

Poco tiempo después, viví otra de mis experiencias peak. Como muchos saben, para titularse de abogada en Chile es necesario realizar seis meses de práctica profesional gratuita a favor del Estado, después de haber cursado todas las asignaturas de la carrera. Muchos se quejaban de este requisito, llegando incluso a considerarlo como una exigencia expropiatoria. Para mí fue todo lo contrario, se trató de un regalo de "experiencia" y "experiencias".

Mi lugar en el mundo
Sentido de la vida y trascendencia

Hice mi práctica en la Corporación de Asistencia Judicial, concretamente en la sede de Quilicura, en Santiago. Esta institución tiene como misión contribuir a que las personas vulnerables tengan acceso a la justicia. Durante esos seis meses me tocó tramitar juicios civiles y laborales, tenía más de cien causas, lo que representaba suficiente trabajo como para entretenerme los cinco días de la semana. Además, me gustaba llegar a los tribunales a las ocho de la mañana, ya que sabía que a esa hora los funcionarios me prestarían mayor atención y podría mover más rápido las causas. Logré cerrar más de la mitad de los juicios, muchos de ellos por medio de conciliaciones, en las cuales llegaba a acuerdos que generaban ingresos tanto para mis clientes como para la Corporación.

Estaba en mi salsa, me sentía una abogada útil, mi profesión tenía sentido porque podía ayudar a muchísimas personas que, sin este servicio, jamás podrían haber dirimido sus conflictos ante la justicia. Esta práctica me sirvió especialmente para darme cuenta cómo podía ayudar a través de mi profesión a mejorar la vida de las personas. En esta ocasión, aprendí que mi contribución siempre tendría un mayor impacto desde un conocimiento específico que desde el mero voluntariado: sin duda, me hacía más sentido ejercer como abogada que en otra cosa que no tuviera el conocimiento.

También surgió una ambición en mí que, hasta entonces, desconocía: tenía hambre de llegar a acuerdos, de encontrar soluciones, de hacer avanzar lo más rápido posible las causas y recaudar la mayor cantidad de fondos para mis clientes. Quería ser la mejor versión de mí misma; el hambre que no tenía en el tenis había emergido con la fuerza de un huracán en los tribunales.

Cuando esta experiencia terminó, sentí que el mundo se me venía encima. Lloré cada mañana durante dos meses, pensando que después de esto venía la "vida laboral" y que nunca más me iba a poder sentir igual.

Los impuestos

En la universidad tuve dos cursos que me gustaron mucho: derecho laboral y derecho tributario. En Tributario, tuve un profesor que nos motivaba mucho, cosa extraña a lo largo de la carrera. Eduardo nos hacía ver más allá de las leyes mismas, nos mostraba cómo las políticas tributarias incidían en la dinámica de la sociedad. Por ejemplo, cómo las políticas de recaudación fiscal pueden también corregir conductas sociales. Es el caso del impuesto específico al alcohol o al tabaco, por ejemplo, que tienen por objetivo, además de recaudar, desincentivar el consumo. También nos hacía ver cómo algunos impuestos tienen la virtud de redistribuir la riqueza, como sucede con el impuesto final a las personas, mientras que otros son menos justos, como el IVA que tiene una tasa fija para todos los contribuyentes, independiente del nivel de ingresos, pero que se utilizaba mundialmente por su eficiente recaudación. En definitiva, nos hacía tomar consciencia de la importancia que tiene la política tributaria en la contribución de los ciudadanos al bien común.

El profesor me cautivó con el Derecho Tributario. A partir de entonces, me sedujo la idea de transformarme en tributarista. Tuve la suerte además de entrar a una de las más importantes consultoras en la materia, PricewaterhouseCoopers, ahora llamada «PwC».

¿En qué estaba cuando realicé este ejercicio?

Llevaba diez años trabajando como abogada. Si bien el estudio de los impuestos y su ejercicio profesional me hacía sentido en un comienzo, con los años este interés empezó a decaer. Como ya había anticipado, me di cuenta de que la asesoría tributaria a grandes empresas estaba muy lejos de mi afán de relacionarme con el mundo social. Estaba siendo fiel al valor de la justicia, pero cuando me preguntaba "¿justicia para quién?", dejaba de sentirse importante. No porque fuese innecesario defender a las grandes empresas (estas también pueden ser víctimas de injusticias), sino porque había cientos de abogados haciendo lo mismo. Si no lo hacía yo, alguien más lo haría. Tampoco tenía ambición de crecer y no me proyectaba. A diferencia de muchos de mis compañeros y compañeras, el anhelo de llegar a ser socio nunca me interpeló. Y fue entonces que empezó a perder el significado.

Si bien no quería seguir con los impuestos, la empresa me gustaba mucho y se me apretaba el estómago de solo pensar que tendría que abandonar un lugar que se había transformado en un segundo hogar. Estaba en un conflicto, pero afortunadamente los socios de la empresa supieron comprender mi cambio de intereses y, con gran generosidad, me impulsaron a potenciar el área de responsabilidad social que estaba en ciernes.

Partimos prestando servicios legales gratuitos (pro-bono) para fundaciones, pymes y personas vulnerables.

Enseguida, lideramos el proyecto "Chileincluye" de apoyo a migrantes y en particular de refugiados sirios en Chile, en alianza con el Gobierno y la ONU, que benefició a más de diez mil personas. Este trabajo fue particularmente emotivo para mí. Tuve que luchar con los prejuicios de ser una "judía" buscando apoyar a "árabes". Al principio se cuestionó mi auténtica intención, tanto así que el Gobierno llegó a pensar que yo era una agente infiltrada del Mossad (de la inteligencia israelí). Pero eso no fue impedimento para seguir. Al poco andar, y con la comunicación que ameritaba una situación así, se descartaron las teorías conspirativas y resultó ser un proyecto de alto impacto social y que generó un gran sentido en mí. Durante este proceso conocí a grandes personas, árabes también, que hoy considero amigos muy queridos. Esta experiencia me caló en lo más profundo y descubrí el verdadero potencial del propósito.

Luego, surgieron más y nuevos proyectos, y como fueron adquiriendo cada vez mayor importancia, decidimos pasar a una etapa diferente. Así, al poco andar, se cumplió un nuevo sueño: los socios de la firma me apoyaron en la constitución de la Fundación PwC Chile.

Desde entonces comencé a sentir un tipo de gratificación distinta. Aquella que proviene de elegir los problemas a los que quiero enfrentarme, lo que me hace sentir una mujer libre y plenamente feliz.

* * *

Finalmente, si cada uno de nosotros decide libremente qué necesidades busca o son importantes de satisfacer, como veremos en el próximo elemento del *telos*, estas necesidades contribuirán a nuestro camino de propósito en la medida que nos permitan trascender[107].

Time Out

En relación a tu "objetivo P" responde las siguientes preguntas:

1. ¿Sientes que este objetivo es parte de un camino de vida que te has trazado?

2. ¿Tienes esperanzas de poder lograrlo?

3. Al proponerte tu objetivo y tratar de lograrlo, hay ciertas necesidades que esperas satisfacer. ¿Sabes cuáles son?

a) Busco sentirme seguro.
b) Busco un sentido de pertenencia.
c) Me hace valorarme más a mí mismo.
d) Busco alcanzar todo mi potencial.
e) Quiero contribuir a un bien mayor a mí mismo (otras personas, sociedad, naturaleza, etc.).
f) No lo tengo claro

4. ¿Sientes que este objetivo es coherente con quién eres?

Mi lugar en el mundo
Sentido de la vida y trascendencia

Cuarto elemento:
Trascendencia

66 *Mientras haya pobreza en este mundo,
ningún hombre puede ser totalmente rico".*

Martin Luther King Jr.

Aung San Suu Kyi: heroína de la democracia

Aung San Suu Kyi nació en Birmania (actual Myanmar), en 1945. Es hija de Aung San, héroe nacional birmano, quien logró la independencia de su país del Imperio británico en 1947, y fundó el Ejército Birmano Moderno. Muy querido y respetado por el pueblo, Aung San fue asesinado poco tiempo después, supuestamente, por rivales políticos contrarios a la independencia. Su madre, Khin Kyi, también fue un personaje relevante en la historia de Birmania. En 1960 fue nombrada embajadora en la India y Nepal, y Suu Kyi la acompañó en esta travesía, dejando su país natal.

En su etapa universitaria, se trasladó a Inglaterra, donde estudió Filosofía, Política y Economía. Tras completar sus estudios, trabajó en la sede de Nueva York de Naciones Unidas. Durante ese período, conoció a Michael Aris, académico británico especialista en cultura tibetana, con quien se casó a los veintisiete años y tuvo dos hijos.

Luego, Suu Kyi se dedicó al cuidado de sus hijos, del hogar y también a ayudar a su marido con el trabajo académico. Pasó dieciséis años felices viviendo en Inglaterra, con una bella familia y felizmente casada, hasta que en 1988 recibió una llamada telefónica que cambiaría su vida para siempre: su madre estaba muy mal de salud, y decidió entonces retornar a su país tras un largo exilio.

"*The Lady*", como la llaman en su país, tomó el primer vuelo disponible y viajó a ver a su madre a Birmania. Al bajarse del avión, se encontró con un país devastado, oprimido, sumamente pobre, sin espacios para el debate público ni para el ejercicio de los derechos civiles. Hasta entonces, ella nunca había estado involucrada en política, pero en ese momento la inundó un sentimiento muy profundo: una especie de responsabilidad hacia su pueblo que la motivó a quedarse. Esta decisión tuvo ribetes bastantes dramáticos ya que, a pesar de que su familia la apoyaba, tuvo que dejar a su familia en Inglaterra.

Inspirada en la política de la no violencia de Gandhi, Suu Kyi organizó mítines pacíficos en todo el país, solicitando a la autoridad la realización de elecciones libres después de veintiséis años de gobierno autoritario, represión política y declive económico. Suu Kyi, transformada en símbolo de la lucha por la democracia en su país, sufrió en carne propia la represión de la Junta militar birmana, y permaneció por casi veinte años privada de libertad, la mayor parte del tiempo en arresto domiciliario. A pesar de que tuvo la opción de regresar a Inglaterra, nunca volvió a reunirse con su familia, pues pesaba sobre ella la amenaza de que los militares no la dejaran entrar cuando decidiera retornar a su país natal.

Fueron años extremadamente duros, en los que su marido y sus hijos jamás pudieron obtener una visa para reunirse con ella, y solo los pudo ver en cinco ocasiones durante diez años. La mayoría en esa situación hubiera renunciado a su lucha política. Pero ellos no. Michael Aris fue un hombre brillante que se mantuvo firme al lado de su mujer. Mientras ella estuvo arrestada, él trabajó con tenacidad tras bambalinas para asegurar su libertad y seguridad. Utilizó su conocimiento, conexiones y todo lo que estuvo a su alcance para darle visibilidad internacional a la causa de Suu (como le decía él) y evitar que la asesinaran. Incluso llevó el caso a la Casa Blanca, a la ONU, al Vaticano y al comité noruego del Premio Nobel de la Paz.

A fines de los años noventa, Michael fue diagnosticado de cáncer. Tras enterarse de la gravedad de su estado, y sabiendo que no podría despedirse físicamente de él, Suu le hizo un video en el que hablaba de lo maravilloso que había sido el tiempo que pasaron juntos, de sus hijos y de su inquebrantable amor

Mi lugar en el mundo
Sentido de la vida y trascendencia

por él. Michael falleció dos días antes de que llegara la cinta, en 1999.

En adelante, Suu Kyi luchó aun con más fuerza, ya no solo por el legado de su padre, sino también por la memoria del hombre que estuvo siempre a su lado y que murió batallando por ella y su causa.

Si bien Suu Kyi tiene dos "objetivos P" en su camino de propósito —su familia y su compromiso con la comunidad—, su deseo de devolver la paz y la democracia a su país, o necesidad de trascendencia, fue tan importante para ella que la llevó inevitablemente a sacrificar a su familia.

Los perjuicios en su vida personal, el sufrimiento, la incertidumbre sobre su propio destino y el sentimiento de injusticia, no pudieron detener lo que ella abrazó como una causa personal y colectiva al mismo tiempo. Suu Kyi encontró en este objetivo su trascendencia, y esto le dio la fuerza suficiente para sobreponerse a todos los males.

Tras más de dos décadas de continuos arrestos domiciliarios, Suu Kyi logró alcanzar su "objetivo P". Los militares tuvieron que ceder terreno y llamaron a elecciones, en las que su partido venció por amplia mayoría. *"The Lady"* pasó entonces a desempeñar labores de gobierno, y se transformó en una dirigente política de renombre mundial. En 1992 recibió el Premio Nobel de la Paz, y será recordada por siempre como una de las líderes mundiales de la lucha por la democracia, la libertad y de la resistencia pacífica frente a la opresión.

El año 2021 vuelve a marcar su historia, puesto que los militares volvieron a tomar el poder mediante un Golpe de Estado en Myanmar (ex Birmania).

Veamos a continuación, el último pero más importante elemento del propósito: la trascendencia.

* * *

¿Qué es la trascendencia?

La historia de Suu Kyi y su necesidad de trascender nos llevan a preguntarnos sobre ese abandono, sobre esa necesidad de salirse de uno mismo para ser parte de algo más grande que es difícil de explicar. Se trata de un concepto que presenta un abanico de definiciones posibles, dependiendo de la disciplina de la cual se mire.

Originalmente, apunta a un fenómeno cuyas causas se encuentran fuera de uno mismo. En 1969, Abraham Maslow describió treinta y cinco formas diferentes de conceptualizarla, entre las cuales están las siguientes:

· La pérdida de la autoconsciencia.
· La aceptación del mundo natural.
· La manifestación de nuestra dependencia respecto a los demás
· El hecho de estar por sobre la dicotomía entre el "nosotros" y el "ellos".
· El ir más allá del tiempo y del espacio.
· El experimentar la consciencia cósmica.

Para efectos del desarrollo del *telos*, entenderemos la trascendencia como:

La contribución a algo más grande que nosotros mismos.

Buscar trascender implica la necesidad de alcanzar algo que está más allá de nuestro interés personal, y fuera de los límites que impone el cuerpo, el plano físico, material o perceptible por los sentidos. Es un atributo que alude a lo inmortal, lo esencial y místico, en definitiva, a algo que, por estas características, nos es muy difícil de aprehender.

Ese "algo más grande" es, a menudo, de naturaleza divina o espiritual. Muchos logran la trascendencia a través de su fe en Dios, mientras que otros pueden lograrla mediante otras formas de espiritualidad. No se puede llegar a ser una persona totalmente realizada o completa sin que logremos comprender nuestro lugar en el orden superior de las cosas[108].

Conversaciones entre Frankl y Maslow

Si tuviéramos el privilegio de presenciar una conversación entre Viktor Frankl y Abraham Maslow sobre la trascendencia, sería probablemente un diálogo de este estilo:

—*Maslow:* La plenitud del ser humano se encuentra en su autorrealización, en buscar desarrollar todo su potencial.

—*Frankl:* La autorrealización es importante, sin duda alguna, porque nos permite crecer. Pero, ¿te has preguntado alguna vez si hay algo más? Llevo décadas observando al ser humano y, en algún punto de su existencia, necesita dirigirse a algo o alguien que no sea sí mismo.

—*Maslow:* ¿Lo que estás sugiriendo es que la verdadera felicidad proviene de procurarla a los demás?

—*Frankl:* Sí, al menos en parte. El propósito de la vida representa un deseo de trabajar orientados hacia nuestro propio bienestar, pero no solo desde el interés personal, sino asumiendo también un compromiso activo con los demás, ya sea la familia, la comunidad, el país o la humanidad. Ese es el camino de la verdadera felicidad.

—*Maslow:* ¿Por qué crees que sucede eso?

—*Frankl:* Cuanto más uno se olvida de sí mismo, entregándose a una causa o a otra persona, nos volvemos más humanos y nos perfeccionamos como tales[109].

Unos años después...

—*Maslow:* Querido Víktor, he estado pensando sobre lo que conversamos hace unos años, y he observado a mis pacientes para ver si se aplica lo que afirmas. Todo parece indicar que llega un punto en la vía de la autorrealización, en el que solo podemos seguir creciendo si pensamos, sentimos y actuamos de manera trascendente. Al estudiar los casos de aquellos pacientes y personajes públicos que han alcanzado su autorrealización, que han logrado tener éxito profesional, dinero y poder, me ha sorprendido el descubrir que solo un grupo de ellos se reconoce como seres plenamente felices. Únicamente aquellos que han puesto sus fortalezas o talento al servicio de los demás.

—*Frankl:* Me alegra que lo hayas podido comprobar por ti mismo. Tomar el camino de la trascendencia es adentrarnos en la mejor versión de nosotros mismos, autorrealizada y en relación con los demás. La autorrealización supone una vida con otros, y la trascendencia pone nuestras propias necesidades a un lado para servir a algo más grande: la comunidad, la naturaleza o el universo.

—*Maslow:* Así es, efectivamente. Y debo admitir que ha sido muy triste ver que existen personas que a pesar de "tenerlo todo", son infelices[110].

—*Frankl:* Como yo lo veo, es que hay que lograr llegar a ese círculo virtuoso en el cual mientras más avanzo en mi autorrealización, mayores son mis posibilidades de contribuir a la sociedad. Y mientras más trasciendo, más me autorrealizo, por lo que mayor puede ser mi contribución a la sociedad, y así sucesivamente.

El círculo de la trascendencia

Mientras más me autorrealizo, mayor es la contribución que puedo hacer a los demás.

Trascendencia

Autorrealización

Mientras más trasciendo, más logro autorrealizarme.

Maslow, en gran parte influenciado por Viktor Frankl, rectificó la cúspide de su reconocida pirámide de las necesidades humanas. Si en un comienzo la autorrealización estaba en la cima, el diseño final contempla un nivel superior, que es la trascendencia. En su última obra, Maslow señaló que el hombre es miembro de una especie que ha evolucionado y, en consecuencia, posee una naturaleza superior y trascendente que es parte de su esencia[111].

Desde entonces, para Maslow la trascendencia es la más elevada de las necesidades humanas, pues la considera como el grado final de motivación. Se trata del nivel superior, el más inclusivo y holístico de la consciencia humana[112]; y solo podremos alcanzar la máxima realización de nuestras potencialidades o la autorrealización cuando ponemos esas capacidades al servicio de los demás.

Esto ha sido reafirmado por distintos estudios posteriores, los cuales señalan que los individuos con objetivos trascendentes, más allá de sí mismos, demuestran disposiciones de personalidad más integradas, mejor capacidad de adaptación y disposición para alcanzar metas, una mayor apertura al mundo y niveles de satisfacción en la vida, en comparación a los individuos que solo velan por su propio interés. Lo mismo ha sido confirmado en el libro Grit, de Angela Duckworth, donde señala que las personas con más *grit* son, al mismo tiempo, las que más buscan trascender[113].

La existencia de un círculo virtuoso también encuentra su explicación más racional en nuestra propia biología humana, como se mencionó al hablar de las hormonas de la felicidad. Tenemos hormonas que nos incitan a buscar nuestro bienestar individual y, otras, al colectivo. Se podría pensar que estos dos tipos de hormonas son incompatibles entre sí pero, por el contrario, el desafío está en balancearlas.

Mi lugar en el mundo
Sentido de la vida y trascendencia

Desde una perspectiva más práctica, la psicóloga y coach estratégica Cloe Madanes[114], señala que si te centras en los demás, se producirán los mejores beneficios para ti también, ya que:

1/ Entras en contextos y experiencias que te permiten conectar con los demás.

2/ Al ser necesitado por los demás, sientes que tu vida es importante.

3/ Se genera un vínculo espiritual con el universo que te permite crecer y crear cosas maravillosas.

4/ Te sientes agradecido de poder estar en posición de contribuir.

La trascendencia demanda que corramos dos maratones

Imagínense si tuviéramos dos maratones que correr: la primera implica ir satisfaciendo necesidades propias, hasta llegar a la autorrealización. Pero, una vez ahí, la única forma de seguir creciendo es poniendo nuestras capacidades al servicio de los demás. Entonces, comienza la segunda maratón, que consiste en tomar de la mano a otros seres humanos —basta con que sea uno solo— y acompañarlos para que progresen en su propia maratón de la vida. Es en esta segunda maratón que se logra el ciclo virtuoso del propósito. Para ser mejor, crecer y alcanzar la felicidad plena, necesito y debo llevar conmigo a más personas hacia la cúspide de la pirámide.

La trascendencia se alimenta de la virtud

En uno de los talleres de propósito que realizo, suelo pedir a los asistentes que se observen durante unos días y anoten aquellos momentos en los que se sintieron más felices. Las respuestas suelen girar siempre en torno a estos tópicos: cuando ayudan a un amigo a resolver un problema, al compartir un momento íntimo con un ser querido, al superar una propia dificultad o limitación, al crear algo nuevo o innovador, o al agradecer por la vida o el amor.

Estas situaciones son el reflejo de acciones que nos llevan a actuar y sentirnos bien con nosotros mismos y el mundo que nos rodea. Eso nos pasa porque cada una de ellas tiene como fuente una virtud y representan la forma correcta de hacer las cosas. Por esa razón, en el lenguaje del *Golden Circle*, las virtudes obedecen al cómo hacemos las cosas. En los ejemplos que mencionamos, se puede observar cómo ciertas situaciones aumentan nuestro nivel de bienestar porque se hacen presente virtudes tales como las de servicio, verdad, justicia, amistad, coraje, creatividad, agradecimiento o amor.

Es difícil comprender por qué es así, pero las virtudes poseen las cualidades necesarias que hacen que las queramos en sí mismas porque son buenas *per se*. Los griegos llamaban a la virtud *areté*, lo cual, ajustado al siglo XXI, se ha traducido como un "proceso psicológico que nos permite de manera consistente, pensar y actuar, de un modo que nos posibilita obtener beneficios tanto para uno mismo, como para los demás[115]".

Por ejemplo, quien persigue alcanzar la justicia, se beneficia a sí mismo cuando la consigue, como también a la sociedad que, por ese acto, pasa a ser una comunidad más justa. Por el contrario, quien actúa para ejercer poder sobre otros, por ambición o por satisfacer sus propias carencias, no estaría en condiciones de trascender a través de actos. En el camino de propósito, los objetivos y las metas siempre han de ser virtuosos, es decir, siempre han de buscar el bien, tanto propio como ajeno.

Las virtudes que poseemos dan forma a nuestros sentimientos y pensamientos, determinan nuestra manera de actuar y nos permiten realizarnos como personas[116]. Una virtud también es una manera de ser y una firme creencia que nos parece esencial. Tomamos decisiones y actuamos de acuerdo a aquello que es importante para nosotros.

En *Ética a Nicómaco*, Aristóteles señala que el bien humano más elevado de todos es "la actividad del alma de acuerdo con la virtud".

Los valores y las virtudes se suelen asemejar, pero hay una relación de género-especie entre ambos. Los primeros representan lo que es importante para las personas en sus vidas y, por lo mismo, inciden en nuestro camino de propósito[117], pero no necesariamente son buenos para los demás o nos disponen a alcanzar la eudemonía, sino que depende en el contexto en que se den. Tener poder puede ser bueno si lo utilizo para impartir justicia, pero puede ser malo si lo utilizo para abusar de los más débiles. Por lo mismo, pueden existir valores malos y buenos, y solo estos últimos pueden adoptar el carácter de virtuosos.

Ejemplos de valores[118]	Ejemplos de virtudes
Poder Estatus social, prestigio, influencia sobre otras personas o recursos.	**Altruismo** Actuar en el mayor interés de los demás, desprendidamente.
Logros Éxito personal al demostrar competencias de acuerdo a estándares sociales.	**Humildad** Cualidad de no ser orgulloso en base a estar consciente de las propias debilidades.
Seguridad Armonía y estabilidad de la sociedad, nuestras relaciones y en lo personal.	**Empatía** Capacidad de comprender los sentimientos y emociones de los demás, basada en el reconocimiento del otro como semejante.
Respeto Restringir acciones o impulsos que puedan afectar o dañar la vida de los demás o vayan en contra de las normas sociales.	**Tolerancia** Reconocimiento de las diferencias por el respeto a los demás y por la convicción de que nadie posee la verdad ni la razón absoluta.
Tradiciones Compromiso y aceptación de las raíces y costumbres propias de nuestra cultura o religión.	**Valentía** Tener el coraje de actuar aun cuando no controlamos el resultado.

Hedonismo Vida placentera, con gratificaciones sensoriales.	**Lealtad** Cualidad o estado de ser fiel a una persona, figura o símbolo.
Trascendencia o universalismo Comprender, apreciar, tolerar y proteger el bienestar de todas las personas y la naturaleza.	**Prudencia** Cualidad que nos permite deliberar correctamente acerca de lo que es bueno o malo para el hombre en la vida práctica.
Autodeterminación Independencia de pensamiento y de acción. Poder elegir, crear y explorar.	**Justicia** Capacidad de vivir en la verdad con los demás.
Familia Preocupación por el bienestar de nuestros seres más cercanos.	**Amor** Querer el bien de alguien.
Benevolencia Comprender, apreciar y proteger el bienestar de todos los seres humanos y el planeta.	**Resiliencia** Capacidad para sobreponerse a circunstancias de adversidad.

¿Cómo saber si mis acciones son trascendentes?

Una forma de verificar que tu objetivo busca la contribución a algo más grande, es indagando en el valor que subyace a la acción misma. Si esos valores son virtuosos, lograrás trascender con tu "objetivo P", porque la virtud per se busca el bienestar de los demás. Pero si se trata de un valor meramente instrumental, que no implica virtud, habría que indagar más allá, en la intención.

Por ejemplo, si el valor que me mueve a hacer algo es el poder, habría que preguntarse, por ejemplo, si con ese poder mi intención es manipular a otros o inspirarlos. O si busco seguridad financiera, es solo pensando en mi propio bienestar o también para proteger a mi familia.

Podríamos clasificarlos de la siguiente manera:

Los valores individualistas:
1) Son egoístas, solo buscan nuestro propio beneficio, incluso a costa de los demás.
2) Son superficiales, se preocupan de alcanzar bienes de tipo material o que impliquen algún tipo de supremacía por sobre otros.
3) Están fuera de nuestro control, dependen de factores externos, como el poder comprarme un auto nuevo (dependo de tener el dinero suficiente), o que me asciendan (dependo de la decisión de mi superior).

Sin bien pueden ser placenteros a corto plazo, no nos conducen a la felicidad. No nos conducen a nuestro propósito.

Ejemplos de valores individuales:
· Ser venerado por los demás.
· Poseer muchas cosas materiales.
· Trabajar en algo muy rentable económicamente.
· Creer que siempre tengo la razón.
· Negar los problemas con los cuales no quiero lidiar.
· Vengarme para aleccionar a otros sobre sus errores.
· Vivir pensando que lo bueno vendrá después.

Los valores trascendentes:
1) Buscan el beneficio fuera de sí mismo.
2) Se basan en la realidad, tratan con el mundo tal como es, no como nos gustaría que fuese.
3) Son controlables, es decir, dependen de nosotros y se pueden aplicar desde el minuto en el que nos propongamos hacerlo: por ejemplo, decir la verdad ante todo o ser justos, aunque sea en nuestro menoscabo.

Se alcanzan internamente a través de la adopción de alguna virtud, y nos conducen a nuestro propósito.

Ejemplos de Valores trascendentes
· Demostrar cariño a quienes amo.
· Buscar una vida más consciente o espiritual.
· Generar un impacto positivo a través de mi trabajo.
· Escuchar a quienes se preocupan por mí.
· Hacerme responsable de mis problemas.
· Inspirar a través de mis acciones.
· Disfrutar del presente.

¿Existen los propósitos innobles?

Esta es una gran pregunta, pues la forma en la que se responda definirá si el propósito es algo bueno o es solo un concepto basado en una motivación muy fuerte que proviene de una pasión individual o colectiva. William Damon advirtió que debemos distinguir cuidadosamente entre un propósito noble, que es moralmente aceptable y admirable, de uno innoble o malo pues, claramente, no son lo mismo[119].

Existen varios casos a lo largo de la historia de personas que satisfacen su necesidad de sentido a través de medios destructivos. Alguien que se enriquece a través de la estafa, como Bernard Madoff en Estados Unidos, o Alberto Chang en Chile, obviamente estaría en las antípodas del propósito. El propósito nos invita a contribuir a la sociedad: solo el correcto actuar nos permite **autorrealizarnos y trascender.**

Aseverar que un propósito puede ser innoble equivale a afirmar que el fin justifica el propósito. Todos conocemos la famosa frase de Maquiavelo "el fin justifica los medios", pero el propósito no es cualquier fin. Es el fin último de los seres humanos y, por ende, no podemos utilizarlo como sinónimo de uno cualquiera, es un concepto mucho más completo que eso. Si el fin es innoble, puede que estemos en presencia de un objetivo mezquino o de una pasión, pero nunca de un propósito.

Caso de los personajes del mundo

El psicólogo Jeremy Frimer junto a sus colegas realizaron un extenso análisis de figuras influyentes de los últimos cincuenta años. Buscaban a aquellas que han sido considerados referentes de una vida con propósito[120]. Los resultados arrojaron que los personajes del mundo considerados ejemplares para la sociedad, son personas:

1/ Con principios y virtudes humanistas, mostrando un compromiso sostenido con sus ideales.
2/ Coherentes en sus acciones y sus valores.
3/ Tienen coraje, ya que están dispuestas a sacrificar su propio interés con tal de ser fieles a sus valores morales.
4/ Inspiran a los demás y movilizan a las masas a que actúen de acuerdo a la moral.
5/ Humildes en relación a su propia importancia.

Considerando estas características, los personajes elegidos como ejemplares fueron: Rosa Parks, Shirin Ebadi, Nelson Mandela, Mahatma Gandhi, Aung San Suu Kyi, Dalai Lama, Martin Luther King Jr., Andrei Sakharov, Emmeline Pankhurst y Eleanor Roosevelt.

El mismo estudio, y considerando las mismas características, también eligió a aquellos personajes influyentes del mundo considerados como tiranos en nuestra historia. Dentro de esa lista, figuraron personas como Adolf Hitler y Mao Tse-Tung, quienes, si bien cumplían la mayoría de los criterios de influencia, quedaron fuera del listado de personajes ejemplares por la inexistencia de virtud en sus vidas. En lugar de practicar valores trascendentes, sus acciones fueron motivadas por el poder, el dinero, el estatus o el control sobre los demás.

Puede que sea cierto que, tras los personajes anteriores, tanto los ejemplares como los tiranos, existan historias marcadas por la valentía y el liderazgo, pero la gran diferencia entre ellos es su comportamiento moral. En definitiva, los primeros siempre actuaron motivados por el interés de los demás[121]. A través de sus acciones, contribuyeron a mejorar las vidas de los otros.

Distintos niveles de trascendencia

Si bien la palabra trascendencia suena como un estado emocional y espiritual muy elevado y difícil de alcanzar, en un estudio realizado el año 2009, alrededor de un tercio de las personas señalaron haber experimentado este fenómeno[122].

El académico David Yaden[123], junto a otros profesores universitarios, han logrado explicar cuándo se viven estas experiencias, clasificándolas según su nivel de fusión entre el yo y el mundo[124]. En definitiva, trascendemos cuando:

· Entramos en estado de flow.
· Meditamos.
· Nos asombrarnos.
· Nos inspirarnos.
· Servimos a los demás, realizamos actos altruistas o luchamos por el porvenir de las siguientes generaciones.
· Sentimos gratitud por algo o alguien.
· Vivimos cierto tipo de experiencias de tipo místicas.
· Experimentamos el sentimiento del amor.

Estos estados de consciencia se denominan "experiencias trascendentes". En ellas, el sentido subjetivo de uno mismo, como individuo, puede desvanecerse temporalmente en una fusión con otras personas o el entorno. Esta sensación implica la disolución de los límites entre el sentido del yo y el mundo, para lograr una unión como si fuésemos un todo unitario[125].

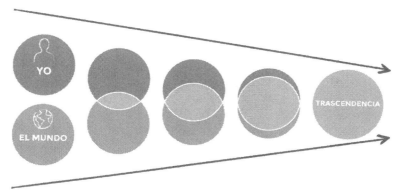

Mientras mayor sea la fusión entre yo y el mundo,
mayor el nivel de trascendencia.

Mi lugar en el mundo
Sentido de la vida y trascendencia

Estos estados de consciencia transitorios se experimentan en un espectro de intensidad que va desde lo más rutinario (por ejemplo, al entrar en el estado de flow cuando nos perdemos en la música o en un libro), hasta lo más intenso y potencialmente transformador (por ejemplo, el amor a otra persona).

Los estados de trascendencia tienen una incidencia directa en nuestra salud física y mental, mejoran la vida familiar, disminuyen el miedo a la muerte y fomentan el sentido de trascendencia, pues incrementan la motivación para realizar comportamientos en beneficio de los demás[126].

Puedes ver una descripción detallada de los distintos niveles de trascendencia en el Apéndice IV.

El cambio cuántico

Intrigados por las experiencias trascendentes más elevadas o místicas, una pareja de profesores de la Escuela de Psicología de la Universidad de Nuevo México comenzó a indagar sobre un grupo de personas que, en cierto punto de su vida, experimentaban un cambio extraordinario[127]. Sus pacientes describían este cambio como "ver la luz". Publicaron un aviso en el periódico local solicitando voluntarios que quisieran contar sus historias sobre alguna transformación personal inesperada. El aluvión de respuestas fue asombroso. Así, recopilaron cientos de relatos de epifanías, repentinas experiencias y percepciones que denominaron "cambio cuántico", a través del cual declaraban haber acelerado su camino de propósito.

Describen este cambio como una especie de repentina "metamorfosis personal", que lleva a sentir una experiencia vívida, sorprendente, benevolente (algo así como un sentimiento de paz, serenidad y felicidad) y de duradera transformación personal. Se trata de un cambio muy intenso que es recordado con detalle y para toda la vida.

Se repite, en muchos de los casos, la descripción de estar haciendo algo trivial cuando, súbitamente, escuchan algo así como una voz desde su interior que los hace ver su vida o el mundo de una manera totalmente distinta. Algo así como una metamorfosis.

Algo así le sucedió a mi amigo Gonzalo.

Hace un par de años tuve la fortuna de conocer en un concurso público a Gonzalo. Es ingeniero comercial y tiene menos de cuarenta años. En el concurso se buscaban soluciones innovadoras para mejorar el contexto de los migrantes en el país. Su proyecto consistía en una plataforma *online* llamada INMI, destinada a que las personas migrantes y refugiadas pudiesen encontrar oportunidades de trabajo[128].

Formaba parte del jurado, y me tocó presenciar la propuesta —a lo que los emprendedores llaman *pitch*— de Gonzalo. En cinco minutos debía mostrarnos los atributos de su proyecto y convencernos de que este debía ser el ganador. Si bien a priori su plataforma no contenía gran innovación, pues ya existían varias similares (aunque no específicamente para migrantes), la historia de Gonzalo nos dejó a todos perplejos.

Nos relató que un día se encontraba mirando por la ventana de su oficina, y le llamó la atención la larga fila de obreros esperando entrar a trabajar a una obra que estaba en curso. Al día siguiente, sucedió lo mismo, y la fila de personas esperando seguía aumentando. Al pasar toda una semana en la que se repetía cada día el mismo fenómeno, Gonzalo decidió bajar a ver qué pasaba. Un caballero haitiano, quien se esforzaba mucho por darse a entender en español, le dijo: "Estamos esperando a que algún obrero se accidente para que uno de nosotros entre a ocupar su lugar".

Este episodio marcó un antes y un después en la vida de Gonzalo. Algo difícil de describir le impidió quedar indiferente, como si una voz interior lo estuviese dirigiendo desde ese momento en adelante. Al día siguiente, dejó su trabajo, su carrera profesional y todas las comodidades que eso le traía, para dedicar su vida a solucionar un problema que para él era importante y que resonaba tanto en su historia personal como en sus valores.

El proyecto de Gonzalo es una realidad desde 2019 y, hasta la publicación de este libro, ha logrado conectar a más de siete mil personas con un centenar de empresas a lo largo de Chile. Asimismo, ha ganado varios concursos y contratos exclusivos con Naciones Unidas.

También me sucedió algo similar hace un par de años atrás, cuando todavía ejercía mi profesión de abogada. Estaba en una típica reunión de trabajo con George, el dueño de una cadena de restaurantes muy importantes del país, y con quien ya teníamos una relación de mucha confianza de casi diez años de trabajo. Solíamos tener reuniones de planificación legal y tributaria, donde se definían estrategias corporativas, la defensa de juicios en curso y las alegaciones ante el Servicio de Impuestos Internos, entre otros.

Siempre me acompañaba mi jefe de ese entonces, y gran amigo hasta el día de hoy, César. Un abogado brillante y reservado, por lo que a mí me tocaba dirigir las reuniones, mientras todos descansábamos en que a César se le ocurrirían las mejores ideas. Uno de esos días, recuerdo que estábamos tratando de avanzar lo más rápido posible, ya que todos teníamos compromisos para almorzar con otras personas. No habían trascurrido más de veinte minutos desde que comenzamos, cuando mi mano sutilmente soltó el lápiz y dejé de prestar atención. Mi mirada quedó perdida en el horizonte, cómo si tuviese que quedar en pausa para observar a mi cuerpo salir de un agujero profundo y obscuro para elevarme a lo alto de la montaña, y dejé de escuchar lo que se estaba diciendo en la reunión. Durante esos minutos, era como si me estuviesen hablando en un idioma que no existe y en cámara lenta, como si se hubiesen cruzado los cables del lenguaje. Mientras la reunión seguía su curso, yo ya no tomaba nota ni hacía preguntas, y César tuvo que rescatarme de la situación tomando el control de esta. La reunión siguió avanzando, mientras yo seguía ahí, en cuerpo solamente.

De repente, y como si toda mi carrera pudiese ser resumida en pocos segundos, descubrí que el trabajo que estaba haciendo no tenía nada que ver con quien yo quería ser. Con el impacto que quería generar en el mundo. Con lo que para mí era realmente importante: mejorar la vida de otras personas.

Salimos de la reunión y César, asustado por mí, me tomó de los brazos y cariñosamente me preguntó: *"¿Qué pasó allí adentro? Es como si te hubiésemos perdido por completo"*.

César es como un hermano para mí, por eso creo que ambos sabíamos lo que me estaba pasando. Ya no podía seguir postergando lo impostergable: había llegado el momento de dejar de invertir mi tiempo y energía en algo que me era muy cómodo, para aventurarme en lo que yo de verdad quería hace mucho: cambiar el mundo a través del propósito. Esa misma semana se coordinó mi traspaso del área legal de PwC a la de sostenibilidad.

La primera vez que escuché sobre este estudio, fue en la película de Wayne Dyer *El cambio*. En ella, Wayne resaltaba cómo este tipo de cambios en las personas las lleva a reordenar sus valores. Como si ocurriese una transformación en las prioridades, en aquello que nos parece más importante. Si bien los nombres "cambio cuántico" o "experiencia mística" pueden sonar algo oscuros o misteriosos, las historias recopiladas en el estudio, similares a la de Gonzalo o la mía, no se tratan de nada de eso, sino que de momentos de profunda autenticidad.

Lo más relevante del estudio es que muestra cómo cambian nuestros valores después de experimentar trasformaciones como las descritas. En la siguiente tabla se aprecia cómo las mujeres y los hombres describieron sus valores principales (entre un listado de cincuenta alternativas) antes y después de su experiencia de transformación.

Cambio en las prioridades valóricas:

(antes)	(después)	(antes)	(después)
1. Familia	1. Crecimiento personal	1. Riqueza	1. Espiritualidad
2. Independencia	2. Autoestima	2. Aventura	2. Paz individual
3. Carrera	3. Espiritualidad	3. Logro	3. Familia
4. Ser aceptada socialmente en diversos contextos	4. Felicidad	4. Placer	4. La voluntad de Dios
5. Atractivo físico	5. Generosidad	5. Ser respetado	5. Honestidad

No hemos desplegado aquí el listado completo, pero el estudio revela cómo los valores virtuosos o trascendentes, como la espiritualidad y paz individual, pasaron de estar en las últimas prioridades a las primeras. Por otra parte, los valores de carácter individualista (que no son virtuosos), como la riqueza material y el atractivo físico, disminuyeron. En general, tanto hombres como mujeres reflejaron grandes aumentos en el valor que le otorgaban al perdón, la generosidad, la voluntad de Dios, el crecimiento personal, la honestidad, la humildad y el amor.

Lo que nos deja todo esto, finalmente, es que estas experiencias nos pueden llevar a despertar o a acelerar el camino de propósito, pues nos abren la mente y nos preparan para alcanzar la realización personal y la trascendencia que buscamos.

Cambia nuestros valores, nos humaniza.

El balance del altruista

Al esforzarnos por alcanzar nuestros "objetivos P" debemos procurar encontrar un balance entre nuestros intereses y los de los demás, entre la trascendencia y nuestro bienestar general, de lo contrario, podemos caer en el error de generar mucho impacto, pero no contribuir a nuestra felicidad.

Adam Grant, experto en psicología del comportamiento, en su libro *Give and Take* caracteriza tres tipos de personas en consideración a su interacción social[129]:

1) Los altruistas, que siempre ayudan a los demás a pesar de que el costo personal de hacerlo sea mayor que el beneficio generado.
2) Los oportunistas, que al ser estratégicos en todo lo que hacen, solo ayudan a otros cuando el beneficio de hacerlo sea mayor que el costo que les implica.
3) Los justos, que bajo el principio de reciprocidad, ayudan a otros en la medida que luego les devuelvan la mano.

En sus estudios, Grant ha descubierto que los altruistas son dicotómicos: o son los más exitosos o los menos exitosos dentro de un grupo. Es decir, están tanto en lo más alto como en lo más bajo de la pirámide del éxito. En su afán por comprender las abismantes diferencias dentro de los altruistas, Grant creó una nueva categoría: los altruistas abnegados. Son aquellos que tienen una relación poco saludable con su entorno, ya que actúan en detrimento de sus propios intereses. Tan así, que en el proceso de querer ayudar a los demás, terminan haciéndose daño a ellos mismos.

En una de sus investigaciones Grant trató de encontrar las razones por las cuales los altruistas abnegados habían bajado sus notas en sus exámenes universitarios. Al entrevistar a cada uno de los participantes por separado, se dio cuenta de lo que tenían en común: todos reconocieron haber perdido clases y horas de estudio por estar ayudando a otras personas con sus problemas personales.

Lo que Grant concluye es que aquellos altruistas que son exitosos son igualmente ambiciosos que los oportunistas y los justos, a diferencia de los abnegados, que no protegen sus propios intereses. Con sus conclusiones nos deja en evidencia que el interés por los demás y el personal no son incompatibles. Es justamente esa combinación lo que lleva a los altruistas a la cima.

Bill Gates lo dijo de manera más o menos parecida en un encuentro del World Economic Forum en el año 2008: "Existen dos extraordinarias fuerzas en el ser humano: el interés por uno mismo y la preocupación por los demás[130]". Este es el gran poder humano. Preocuparse de beneficiar a los demás, manteniendo las metas ambiciosas que nos permitan avanzar en nuestra autorrealización y trascendencia.

El psicólogo David Bakan[131] ha estudiado esta dualidad por la cual buscamos nuestro propio interés y el de los demás. Al primero lo llama agencia y, al segundo, comunión. Según Bakan, la agencia implica la propia protección y afirmación sobre uno mismo, mientras que la comunión implica participación, contacto, apertura, unidad y cooperación voluntaria. Para Bakan, una salud mental óptima requiere de una integración de ambos modos, en el que exista una combinación entre interés personal y por los demás. Los estudios más modernos han confirmado esta hipótesis, y han asociado la integración de ambos modos con resultados positivos en las relaciones sociales, crecimiento, integridad y el bienestar en general[132].

¿Tienes una vida balanceada? Para saberlo, responde a las siguientes preguntas:

- ¿Tengo límites saludables (físicos, mentales, espirituales)?

- ¿Me preocupo por mi propio bienestar (por ejemplo, meditar, comer sano, hacer ejercicio, pasar tiempo con mi familia y amigos, etc.) y de no lastimar a nadie?

- ¿Tengo una buena autoestima y no dejo que las personas se aprovechen de mí?

- ¿Equilibro mis propias necesidades con las de los demás?

- Aunque doy mucho a los demás, ¿sé cuándo es necesario recargar energía?

- ¿Me doy permiso para divertirme, incluso si no necesariamente ayuda a los demás?

- ¿Priorizo mis propios proyectos personales sobre las demandas de los demás?

- ¿Sé decir que no?

Time Out

1. ¿Crees que este objetivo va a contribuir al bienestar de los demás?

2. ¿Cuán importante es para ti que este objetivo contribuya a mejorar la vida de otros?

3. ¿Qué esperas conseguir al trabajar por el logro de tu objetivo?
a) Entrar a contextos y experiencias que me permitan conectar con los demás.
b) Generar un vínculo espiritual con el universo que me permita crecer y crear cosas maravillosas.
c) Sentirme agradecido de poder estar en posición de contribuir.
d) Ser parte de algo más grande que yo mismo.

4. ¿Te sientes capaz de lograr un balance entre la autorrealización y la trascendencia?

Mi lugar en el mundo
Sentido de la vida y trascendencia

CAPÍTULO IX

El núcleo de *telos*

> 66 Yo *no soy lo que me sucedió.*
> Yo *soy lo que elegí ser".*

Carl Jung.

Hasta aquí hemos logrado conocer el núcleo del *telos*, o de nuestro camino de propósito. Hemos revisado en detalle sus cuatro elementos que, a su vez, clasificamos en dos dimensiones:

- **Quién soy:** autenticidad y pasión.
- **Mi lugar en el mundo:** sentido de la vida y trascendencia.

Estos cuatro elementos contribuirán a nuestro camino de propósito en la medida que sean un fiel reflejo de nuestra intención, y se encuentren presentes en nuestros "objetivos P".

¡Ha llegado el momento de revisar tu propio mapa personal!

Para confirmar si has diseñado correctamente tu camino de propósito, debes revisar la correcta relación entre los cuatro elementos del *telos* con tu intención y "objetivos P":

	Intención	"Objetivos P"
Autenticidad	Auténtica intención.	Que mis objetivos sean una expresión de quien soy de manera consciente y auténtica.
Pasión	Que sea una expresión de mi pasión.	Mis objetivos deben ser elegidos de acuerdo a lo que amo hacer y mis fortalezas.
Sentido	Que pueda hacer sentido entre mi intención y mis "objetivos P".	Los objetivos deben ser coherentes con quien soy, y hacerme sentir que lo que hago es importante.
Trascendencia	Que mis acciones estén motivadas por mi intención de contribuir a algo más grande.	Mis objetivos deben contribuir tanto a mi bienestar como al de los demás.

Esta revisión no es tarea fácil pues, no me cansaré de decirlo, **somos seres complejos.** Y tratar de simplificar conceptualmente nuestra naturaleza humana es lo que induce a tomar decisiones incorrectas.

El nivel de profundidad de la metodología del *telos* tiene por objetivo determinar cuáles elementos del camino de propósito están funcionando bien, y cuáles no en nuestro mapa personal (no por la vía de simplificar lo que el propósito realmente es, sino que delimitando claramente sus cuatro elementos). Si te detienes a examinar cada uno por separado, te resultará más fácil apreciar si hay alguno que no está funcionando como quisieras y, por lo mismo, te permitirá tomar mejores decisiones y realizar los cambios necesarios.

Para conocer el nivel en el que tus "objetivos P" están contribuyendo a tu camino de propósito, puedes hacer el test en mi página web www.sharonirosenberg.com o escanea el código QR en la página 208.

La transformación

Cuando los cuatro elementos del *telos* están presentes en la vida, comenzamos a experimentar una transformación en nuestros valores, prioridades e intereses. Los valores que teníamos profundamente arraigados comienzan a perder su relevancia, y lo que antes parecía distante, lejano o inútil, de repente se vuelve importante y preciado.

Telos
La transformación

La transformación en nuestros valores es el primer impacto que una vida con propósito tiene en nosotros.

Para cambiar nuestros valores individualistas, que no nos hacen bien, por aquellos trascendentes que potencian nuestra virtud, debemos ser capaces de cuestionarlos, y el camino de propósito es una invitación a ello. Observarlos en todas sus falencias, consecuencias, impactos en nosotros y los demás, y los prejuicios asociados a ellos.

Este proceso es duro, porque sentimos que nuestra identidad se ve amenazada, y eso nos lleva a querer evitarlo. Es normal querer proteger nuestros valores, justificarlos ante el resto, pues son parte de quienes somos. Pero el propósito nos impulsa a esta transformación.

Nuestros valores determinan la naturaleza de nuestros problemas, y esta determina nuestra calidad de vida. Por esa sencilla razón, si queremos cambiar nuestros problemas, debemos cambiar nuestros valores y, en consecuencia, la forma en cómo medimos el éxito y el fracaso. Y es ahí donde el propósito juega un rol clave.

Se podría decir que el propósito nos invita a organizar nuestra vida de un modo diferente, en torno a estos nuevos valores, como si fuese una filosofía o estilo de vida. No se trata de que nos importen más cosas, sino lo contrario, que sean menos, de manera de invertir lo más preciado que tenemos en la vida —nuestro tiempo y energía— en aquello que es verdaderamente relevante. Así, sin darnos cuenta, todos esos detalles que entorpecen nuestro quehacer cotidiano, comienzan a disiparse.

Parte III
Cómo impacta tu vida el camino de propósito

Hemos visto que la transformación de nuestros valores y prioridades es el primer impacto que genera el propósito en nuestras vidas. Ahora veremos el segundo impacto que es la activación de la motivación intrínseca y el tercero, que es la felicidad plena.

Motivación, la mejor señal
de que vas bien encaminado

Motivación, la mejor señal de que vas bien encaminado

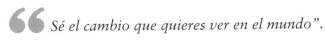 *Sé el cambio que quieres ver en el mundo"*.

Mahatma Gandhi.

El macaco o mono Rhesus (*Macaca mulatta*) es una especie de primate famoso por haber sido objeto de experimentos que permitieron grandes avances científicos para la humanidad. Por ejemplo, el factor Rh del grupo sanguíneo fue nombrado así en su honor, pues fue en estos monos donde este se identificó por primera vez. También fueron lanzados al espacio por la NASA en 1950, y fueron los primeros primates en tener un clon: Tetra, nacido en el año 2000.

Si bien sus hazañas han sido múltiples, la que nos convoca en este libro es la derivada de la investigación realizada con ellos por el psicólogo estadounidense Harry Harlow, en la década de 1950. Harlow se dedicó a observar durante dos semanas a ocho monos Rhesus. Los primates estaban encerrados en una habitación donde había diversos puzles, que consistían en mover una cerradura, ajustarla con un gancho y después devolverla a su posición original. Los monos empezaron a jugar espontáneamente con este puzle, concentrados, con determinación y, aparentemente, disfrutando la actividad. Resolvían el puzle rápido, aunque nadie les había enseñado cómo hacerlo ni les había prometido una recompensa por ello.

Sin estar de acuerdo con los experimentos con animales, y considerando que no fue agresivo con ellos, las conclusiones del estudio fueron muy valiosas para la humanidad. Estas arrojaron que los monos resolvían el puzle simplemente porque encontraban gratificante hacerlo. Y desde entonces, Harlow comenzó a construir la teoría de un tercer impulso humano —complementario a los otros dos impulsos ya descubiertos, la búsqueda del placer y el alejamiento del dolor—, al cual denominó "motivación".

Este tercer impulso animal fue definido décadas después[133], en relación a los seres humanos, como "aquella propensión innata y natural a comprometerse con actividades que nos interesan, ejerciendo nuestras propias capacidades con el objetivo de conquistar desafíos óptimos[134]".

* * *

¿Por qué es importante hablar de motivación?

Porque los estudios demuestran[135] que cuando estamos viviendo nuestro propósito, es decir, cuando somos auténticos, actuamos con pasión, nuestros actos están cargados de sentido y contribuimos al bienestar de los demás, nuestra motivación se incrementa de manera tal que nos dispone a conquistar los objetivos que nos hemos propuesto. La motivación es la forma que tenemos de verificar si nuestro mapa personal está funcionando correctamente, y si nuestros objetivos nos están conduciendo a nuestro propósito.

Al activarse la motivación nos llenamos de una energía desbordante que nos permite superar nuestros límites y alcanzar metas y objetivos que no creíamos posibles. Eso sí, no hablo de cualquier tipo de motivación, ya que existen dos clasificaciones:

1/ La intrínseca, cuando es autogenerada, como ocurre en este caso.
2/ La extrínseca, cuando es causada por factores ajenos a nosotros.

Veamos a continuación en qué consisten, de manera que podamos identificar claramente cuál es la que nos está moviendo a alcanzar nuestros objetivos; pues, en este camino, es la motivación intrínseca la que debe activarse en cada uno de nosotros.

Motivación, la mejor señal
de que vas bien encaminado

Motivación intrínseca

Como ya hemos señalado, la naturaleza humana está diseñada para movilizarnos hacia la consecución de metas, logrando que aquellas acciones que emprendemos para alcanzarlas fluyan sin mayor obstrucción de nuestra parte. Cuando esta meta es coherente con quienes somos, con nuestra intención, se produce una satisfacción que existe por el solo hecho de haberse forjado en nuestra mente de manera libre y voluntaria. Pero, además, al ser auténtica y genuina, la motivación nos genera también emociones positivas.

Cuando la motivación se activa por la sola satisfacción que nos provoca la realización de una actividad, ya sea porque nos desafía, nos entretiene o sentimos que estamos haciendo una diferencia en el mundo, se entiende que esta motivación es intrínseca.

Las personas que logran activar este tipo de motivación intrínseca o energía son las que tienden a vivir y disfrutar de los desafíos como un proceso, no con un afán de triunfo ni ansias de llegar a la meta. Saben es posible aproximarse a la perfección, que se puede estar muy cerca de ella, pero nunca la van a alcanzar totalmente. El goce está en perseguir la meta, más que en lograrla.

Ciertos autores indican que la motivación intrínseca es la verdadera, y que es la que se debiera buscar despertar en las personas para lograr un cambio o progreso real en su comportamiento[136]. Estar motivado intrínsecamente es asumir un desafío como un reto personal y de manera creativa[137]. Esto ocurre con nuestras metas en el camino de propósito, y es por eso que tenemos una energía que pareciera ser inagotable para alcanzarlas.

Desde una perspectiva más espiritual, Eckhart Tolle[138] se refiere a la motivación intrínseca como "entusiasmo", describiéndolo como un poder creador que va mucho más allá de lo que una simple persona puede hacer ordinariamente. Tolle señala que el entusiasmo se origina al unir aquello que nos apasiona hacer con nuestro propósito, lo cual genera una energía e intensidad enormes, así como una flecha en trayectoria directa hacia el blanco que, en ese trayecto, disfruta su viaje.

Para Tolle, el entusiasmo proviene de nuestra esencia y, por lo general, vence todos los escollos y dificultades que podemos encontrar en nuestras vidas para llevar a cabo nuestro propósito. Una persona guiada por el entusiasmo, no hace la diferencia entre ganadores ni perdedores, de hecho, busca incluir a los demás. Tampoco utiliza ni manipula a la gente, porque es el poder creador mismo y, por lo tanto, no necesita robarle energía a una fuente secundaria.

Motivación extrínseca

Existe otro tipo de motivación que, a diferencia de la intrínseca, proviene de factores externos a uno mismo. Esta apunta a la realización de una actividad con el objeto de obtener un resultado específico, diferente y separable de la actividad misma. El típico ejemplo son los bonos de desempeño o los ascensos en el trabajo que las empresas fijan para motivar a sus trabajadores a obtener los resultados presupuestados.

Fabricio y Rolando, compañeros en la carrera de Periodismo, soñaban con ser periodistas deportivos, comentar los Juegos Olímpicos o los campeonatos mundiales de tenis y futbol por la televisión, tener su propio programa estelar que promoviera el deporte juvenil, y viajar por el mundo siguiendo los grandes acontecimientos en este ámbito. No es novedad que ser periodista de este rubro en televisión es algo extremadamente difícil, pero Rolando igualmente perseveró en su sueño y comenzó como asistente en un canal de televisión, con un sueldo bajo, sin contrato y con horarios de sol a sol. Al contrario, Fabricio, tentado por los beneficios que implica trabajar en un banco, optó por un trabajo como ejecutivo de cuentas. Cada fin de semestre recibía un bono de desempeño y a los cinco años fue ascendido como jefe de cuentas. Fueron estos incentivos los que hicieron que Fabricio no renunciara a su trabajo, ya que definitivamente no le agradaba. En este ejemplo, Rolando optó por un estilo de trabajo motivado intrínsecamente y Fabricio extrínsecamente.

De más está decir que la motivación que necesitamos para una vida con propósito es intrínseca, al menos de manera principal, ya que muchas veces también debe converger con ciertas motivaciones de tipo extrínseco. En el caso de Rolando, él también tiene que considerar que su trabajo le debe permitir costear sus gastos de vida.

Un superpoder

Viktor Frankl plantea que el propósito de la vida proporciona la base para la motivación humana, a la cual denominó "noética[139]". Sin querer sonar reduccionista, pero con esto se comenzó a romper el paradigma de que el hombre solo se moviliza por aquello que le genera placer, como decía Freud, o el poder, como decía Adler, sino que se mueve principalmente por aquello que se reúne con su propósito y es fuente de sentido en su vida.

Si graficáramos lo que la motivación genera en nosotros cuando estamos viviendo una vida con propósito, esta sería el motor que nos permite avanzar desde donde estoy ahora mismo (punto A) hacia donde quiero llegar, esto es, la felicidad plena (punto B).

Donde estoy

A donde quiero llegar
Felicidad plena

Cuando la motivación es generada por los objetivos que nos hemos fijado en nuestro camino de propósito --los cuales llenan de sentido nuestras vidas-- esta se alimenta de la esperanza para mantenerse en el tiempo. Como señalamos al hablar sobre el sentido de la vida, la esperanza es una disposición elaborada en la fase apetitiva del ser humano, y su contribución a la motivación es muy poderosa, porque nos ayuda a mantenernos comprometidos más allá de las dificultades que nos toque enfrentar, y por el tiempo que sea necesario[140].

La motivación no requiere de un esfuerzo para movilizarnos. Si estás motivado, en cuanto tengas la oportunidad de hacer lo que te mueve, lo harás. Esto es lo grandioso de la motivación intrínseca: fluye, porque es un proceso autogenerado. A diferencia de los casos en los que no lo estamos, y en los que entra a operar la fuerza de voluntad.

En este sentido, la fuerza de voluntad es la habilidad para lograr hacer lo que debemos hacer, a pesar de la falta de motivación, del desagrado y la resistencia interna, empleando esfuerzo para alcanzarlo. Esta puede ser una gran aliada cuando ha disminuido nuestra motivación e igualmente debemos perseverar para alcanzar nuestros objetivos.

Por ejemplo, un amigo mío, reconocido escritor chileno, tradujo su última novela al francés. Este era un desafío mayúsculo, porque él tenía claridad de que no podía fracasar. Si lograba su objetivo, se posicionaría como uno de los muy escasos autores latinoamericanos en lograr traducir su propia obra al francés; pero si fracasaba, su reputación se vería mermada en el medio editorial y, sobre todo, ante sí mismo. Esta tarea fue enorme, le tomó dos años y, según me cuenta, no fue algo que disfrutó particularmente: le requirió de una gran fuerza de voluntad. La tentación de abandonar fue grande, pero aun así, su objetivo de consagrarse como escritor bilingüe lo llevó a superar este tremendo desafío con éxito.

Es como si la fuerza de la voluntad fuera nuestro combustible de reserva. Está ahí para apoyarnos cuando alguna actividad concreta, que nos conduce a nuestro propósito, no nos motiva particularmente, y la necesitamos para realizarla. Ahora, esta fuerza pareciera ser acotada, como si no pudiéramos estar remando siempre contra la corriente, a diferencia de la motivación, que fluye sin resistencia y es inagotable.

Y si mi mapa no está funcionando... ¿qué puede estar sucediendo?

Sabemos que si nuestra intención se condice con el objetivo que nos hemos fijado, deberíamos estar bien encaminados. Lograremos, entonces, activar nuestra motivación intrínseca[141].

Pero Sheldon ha descubierto en sus estudios que esta motivación no es tan fácil de conseguir. A menudo, las personas ignoramos los objetivos que "deberíamos" querer o que son buenos para nosotros, lo cual se convierte en una barrera significativa en nuestro desarrollo personal[142]. Para comprender por qué se genera esta incoherencia, la psicología distingue entre dos tipos básicos de cognición[143]:

- Sistema 1: se refiere a nuestro sistema no consciente, involuntario, intuitivo y que opera casi de forma automática. Es evolutivamente anterior al Sistema 2.
- Sistema 2: se refiere al proceso consciente, que requiere de esfuerzo mental para activarlo y que utilizamos para resolver situaciones más complejas. Se asocia con nuestra proactividad, el ejercicio de la libertad o de elección y concentración. Es evolutivamente más reciente para el ser humano que el Sistema 1.

Motivación, la mejor señal
de que vas bien encaminado

Sheldon explica que estos dos sistemas funcionan, en gran medida, de forma independiente el uno del otro, y que el Sistema 2 tiene poco o casi ningún acceso directo al 1[144]. Lo que sucede, en definitiva, es que nuestra consciencia no tiene acceso a toda la información sobre nosotros, y todo eso que desconocemos es parte de nuestro Sistema 1 o del inconsciente. Esa información oculta afecta nuestra personalidad y las decisiones que tomamos, lo que nos lleva a embarcarnos en acciones sin tener consciencia del porqué lo hacemos.

Sigmund Freud, mundialmente conocido como el padre del psicoanálisis, fue el primero en desarrollar la existencia de la mente inconsciente[145]. Los fenómenos relativos a la hipnosis demostraron que podemos saber algo sin saber que lo sabemos, y que podemos desear algo sin conocer la auténtica razón de ese deseo. La referencia a una motivación inconsciente permite comprender que nos movamos por una intención que no es genuina e, incluso, contraria a nuestros valores.

Lo anterior nos lleva a comprender que solo podemos conocer nuestra auténtica intención cuando trabajamos la consciencia. Y cuando lo logramos, se alcanza ese tipo de motivación tremendamente beneficiosa para nosotros que nos lleva a obtener una satisfacción inherente en lo que hacemos[146], aumenta nuestro rendimiento, la capacidad de innovar, de aprender con facilidad, de estar involucrados, ser leales y confiar en los demás, mejorando nuestra percepción subjetiva de bienestar. También logramos comprometernos a largo plazo y perseverar, a pesar de las dificultades[147].

Las recomendaciones de Sheldon para acceder a nuestra motivación son:

1/ Seguir nuestra intuición[148], pues mejora nuestro acceso al Sistema 1.

2/ Reflexionar[149] sobre nosotros mismos, de manera de estar atentos a las sutilezas que puedan ser relevantes para conocernos mejor.

3/ Ser proactivos, ya que eso nos lleva a iniciar cosas nuevas, a generar cambios y enfocarnos en el futuro de una manera dirigida[150].

4/ Cultivar nuestra autoestima, pues se ha demostrado que este tipo de personas tienen más en cuenta sus propias necesidades y capacidades al momento de elegir sus metas[151].

Mi amiga Josefina

Josefina es una de mis mejores amigas. Nos conocimos en la Facultad de Derecho y desde entonces hemos sido inseparables. Nunca hemos trabajado en el mismo lugar, así que hace doce años nos propusimos reunirnos sagradamente a almorzar el último viernes de cada mes. Había dos requisitos: primero, que fuese un lugar íntimo y silencioso, ya que en esa hora y media debíamos ponernos al día sobre nuestros temas más personales; y, segundo, que hubiese algún rico postre de chocolate o idealmente de Nutella.

Josefina siempre llega puntual, con su look elegante, cual abogada neoyorquina. Sus tacos aguja son infaltables, al igual que su cartera de última temporada. Nos hicimos muy amigas porque compartimos muchos intereses, sobre todo el anhelo de construir una sociedad mejor, más justa y sin discriminaciones.

Siempre pensamos que terminaríamos trabajando juntas en algo o formando nuestra propia fundación, pero con los años nuestros sueños e ideales se fueron distanciando. Especialmente después de que nacieron nuestros hijos, pues el cambio en nuestras prioridades y valores comenzó a ser más evidente. Los almuerzos de los viernes de conversaciones idealistas se fueron convirtiendo en temas más prácticos y cotidianos, cada vez más demandantes. Así, empecé a sentir que Josefina ya no vibraba con la vida de la misma manera que antes.

Desde que cumplimos treinta y cinco años, ella se obsesionó con una gran y ambiciosa meta: convertirse en socia de su estudio lo antes posible, trabajar muy duro por diez años más y jubilarse a los cuarenta y cinco para entonces hacer lo que ella quisiera. Era como someterse a un período de tortura para ganar su libertad.

Su meta era legítima y tenía todas las capacidades para lograrlo, pero fueron pasando los años, y no solo no lo ha logrado aún, sino que la veo cada día más apagada y desencantada con la vida.

Tras los dos meses de interrupción de las vacaciones de verano, retomamos nuestros almuerzos. Ella llegó puntual, como siempre, pero lucía pálida y más delgada que de costumbre. Al saludarnos, me dio un abrazo más cariñoso de lo normal, y al sentarse me miró con cara de agotamiento diciéndome:

—Estas han sido las peores vacaciones de mi vida.

—¿Por qué? —le pregunté preocupada

—Tuve que trabajar durante todas las vacaciones, no descansé nada ni disfruté el tiempo con mis niños, que era lo único que quería.

—¿Qué fue lo que pasó? ¿Nadie te pudo reemplazar en este tiempo?

—Es que si quiero ser socia, no puedo delegar estos temas en mis compañeros. Quieras o no, al final estamos todos compitiendo porque solo uno lo logrará este año.

Ese almuerzo no fue como los de siempre. Sentía que mi amiga no lo estaba pasando bien. Se estaba volviendo algo recurrente ya que, aunque no quise recordárselo, el verano anterior le había pasado lo mismo. Ya eran dos años seguidos sin darse un respiro. Durante ese mes no volvimos a hablar, pero como quedé preocupada, para el próximo almuerzo le propuse cambiarlo para el sábado y nos tomáramos la tarde para conversar. Solas las dos, divagando por largas horas, tal como lo hacíamos en los años de universidad.

A las 13:30 la pasé a buscar a su casa y nos fuimos a almorzar a un café. Como era otoño, estábamos rodeadas de hojas de arce japonés en el suelo, igual que las que había en mi casa cuando nos juntábamos a estudiar en nuestra etapa universitaria. De postre, comimos el favorito de siempre, panqueque con Nutella y frutillas. Estábamos felices de darnos ese tiempo, los almuerzos de hora y media siempre se hacían cortos.

Cuando íbamos a pedir el café, Josefina me miró con ojitos de tristeza y me dijo: "Amiga, ya no puedo más. En la oficina todos piensan que soy fría y soberbia, casi no tengo en quien confiar, y ahora que estoy en carrera para ser socia, siento que cada vez se hará más difícil lograr un entorno amigable". Me contó que había buscado proyectar esa imagen justamente para que nadie se interpusiera en su camino, y que supieran que es una mujer determinada, con metas claras. Agregó que esa era la única forma de manejarse en un mundo dominado por los hombres.

Yo me sorprendí al escucharla. Para mí, Josefina era la mujer más cariñosa, generosa y maternal de todo el grupo de amigas. Siempre nos protegía, era sumamente confiable, brillante, sin duda, perseverante, pero jamás intimidante ni arrogante. Era como si me estuviese describiendo a otra persona.

En ese minuto, no pude evitar preguntarle: *"¿Por qué es tan importante llegar a ser socia?"*. Y me contestó de inmediato, como si tuviera la respuesta perfecta y meditada desde antes.

- Porque me lo merezco, tengo las capacidades más que necesarias, tú sabes que hombres mucho menos calificados que yo han llegado ahí. Además se me duplicaría el sueldo, lo que implica que puedo ahorrar para jubilarme en diez años y dedicarme a hacer lo que yo quiera.

- ¿Y has sido feliz en ese camino? ¿O sientes que lo serás cuando logres alcanzar tu meta?

La respuesta esta vez no fue inmediata, al contrario, Josefina dejó de mirarme a los ojos y, por un segundo, sentí que no me respondería. Pero nos conocemos tan bien, que era casi imposible eludir la respuesta. Se quedó mirando al suelo durante casi un minuto, después levantó la cabeza, y me preguntó:

- ¿Es acaso importante si soy o no feliz en mi trabajo? Yo me propuse una meta y, como sabes, no voy a parar hasta alcanzarla, siempre he sido así. Si me hace feliz o no, es algo que ni siquiera me pregunto. Mis hijos me hacen feliz. Mi relación de pareja me hace feliz, ¿debería también ser feliz en mi trabajo?

Terminaba nuestra tarde de amigas, antes de que empezara a atardecer y a hacer frío. Entonces, Josefina me tomó del brazo y vi que las lágrimas corrían por su rostro. Creo que en estos veinte años de amistad nunca la había visto llorar. Sabía que para ella equivalía a mostrarse vulnerable, y jamás se expondría así en público. Pero algo había calado hondo esta vez, aunque aún no entendía bien qué.

Nos sentamos adentro del café, pues se había hecho tarde. Nos tomamos un té, Josefina se calmó, y me pidió:

- ¿Sabes? ¿Por qué no me cuentas como era yo en la época universitaria? Creo que lo olvidé prácticamente de todo. Cuando me veo en esos años, es como si se tratase de otra persona.

Le recordé nuestros paseos por la calle Merced, cuando conversábamos con Isabellísima, el vagabundo del barrio Lastarria que nos contaba sus teorías sobre el fin del mundo; de los bingos que organizábamos en el campamento Parcela 4, en la comuna de Renca, para reunir fondos para la postulación a viviendas sociales, y ella misma se acordó de su sueño de ser legisladora, y que yo me burlaba de ella porque pensaba que

Motivación, la mejor señal de que vas bien encaminado

los políticos no hacían nada. Nos reímos y lloramos evocando esos años de tantos sueños y alegrías.

Josefina me confesó que esa mujer idealista, luchadora y con convicción, se había perdido entre tantas reuniones con clientes, fusiones y adquisiciones de millones de dólares, viajes en clase ejecutiva y tentadores bonos de fin de año. Que su padre y su marido siempre apostaron a que ella llegaría muy lejos, que sería sumamente exitosa, y por eso pensaba que siendo socia cumpliría con sus propias expectativas y las de los demás.

Ese día surgieron muchos cuestionamientos en la mente de Josefina, pero lo más importante es que, por primera vez en décadas, se dio el permiso de revisar sus motivaciones y de preguntarse si este deseo tan largamente acariciado de querer ser socia, con todos los sacrificios y renuncias que implicaba, era realmente el camino que quería para su vida.

¿Cómo termina su historia?

Poco tiempo después, Josefina inició un proceso de psicoanálisis para reencontrarse con su auténtica intención, pues se dio cuenta de que todo este tiempo había sido su inconsciente el que había dominado sus acciones y no ella. Y es muy probable que esta terapia le permita iniciar su propio camino de propósito.

Spoiler alert: El propósito no era
lo que yo creía

CAPÍTULO XI

Spoiler alert: El propósito no era lo que yo creía

Joe Gardner, protagonista de la película de Pixar, Soul, es un profesor de música de mediana edad que de joven soñaba con convertirse en jazzista profesional. Y es que Joe ama tocar el piano. Cuando desliza sus dedos sobre las teclas, es como si una nube lo tomara desde la suela de sus zapatos y lo elevara hacia una dimensión desconocida, casi divina, donde no existen las demás personas ni la noción del tiempo. Por desgracia, Joe nunca se atrevió a perseguir sus sueños, y sus miedos lo llevaron a tener una vida apática y muy distinta a la que hubiese querido.

De esta forma, Joe deambulaba anestesiado por la vida, hasta que una tarde todo cambia tan fulminantemente como si lo hubiese golpeado un rayo. El mismo día en el que se presentaba la oportunidad de su vida —tocar en un concierto de jazz junto a su ídola, Dorothea Williams— un terrible accidente lo deja en el hospital en estado de coma. Durante ese limbo entre la vida y la muerte, Joe intenta escaparse del Más Allá y termina por equivocación en el Gran Antes, el universo donde habitan las almas antes de nacer, y donde conoce a Veintidós, un alma joven reconocida por su incesante esfuerzo de evadir la encarnación y venir al mundo.

Joe termina convirtiéndose en el mentor de Veintidós, en lugar de ir al Más Allá. Su misión es ayudarlo a encontrar aquello que le falta para iniciar una vida humana: su "chispa". Una vez que la encuentre, tendrá una razón para querer vivir y Joe podrá lograr volver a la Tierra a tiempo para su concierto.

Joe no quiere esperar y está dispuesto a todo para llegar a su concierto. Al encontrarse con la posibilidad de la muerte, toda esa pasividad y miedo con los que había vivido hasta entonces, se transforman en un tremendo fluido de energía que lo impulsa a alcanzar su sueño. Así, junto a Veintidós se las ingenian para volver a la Tierra sin el permiso de las autoridades del Gran Antes. El arrebato tiene sus consecuencias, pues logran llegar al mundo, pero no en sus respectivos cuerpos. El alma de Veintidós aterriza en el cuerpo de Joe, y la de Joe en el cuerpo de un gato que se encontraba a los pies de su camilla en el hospital.

Bajo este nuevo escenario, Veintidós, por primera vez en un cuerpo humano, comienza a explorar la vida terrenal, a sentir emociones y a disfrutar de la información que le proporcionan sus sentidos. En definitiva, a experimentar las cosas maravillosas y simples de la vida, de las cuales ningún mentor anterior a Joe le había hablado. A Veintidós la vida ya no le parece tan fastidiosa. Engullir un delicioso pedazo de pizza, disfrutar de una conversación con otro humano, hacer reír a los demás, escuchar el sonido de la música al tomar el metro, ver caer las hojas de los árboles con el viento, o presenciar un abrazo de reconciliación entre una madre y su hijo, son momentos de mucho significado para la joven alma.

La expedición es breve, pues la dupla es descubierta por una contadora de almas y llevados de regreso al Gran Antes. Pero las autoridades están felices con el resultado de su aventura, pues Veintidós, finalmente, ha encontrado su chispa y puede iniciar su vida humana. Sin embargo, las cosas no salen, nuevamente, como debían: en el instante en que Veintidós tiene que caer a la Tierra, le entrega su "pase" a Joe para que sea este quien pueda volver a la vida. Ese gesto le permite a Joe regresar a estar con los suyos y cumplir sus sueños.

Joe por fin logra tocar en el concierto de jazz que tanta ilusión le había generado. Su *performance* en el escenario es gloriosa, y dentro del público lo aclaman sus amigos, familia y fanáticos del *jazz*. Una vez terminada la presentación, Joe le pregunta a Dorothea, su dupla y jazzista que tanto admira:

Spoiler alert: El propósito no era
lo que yo creía

"¿Qué pasa después de esto?", expectante de que hubiese algo más, o como si su sueño hecho realidad no hubiese sido lo gratificante que él esperaba. Dorothea le contesta: "Volveremos mañana y haremos lo mismo que hoy. Así será el día siguiente, y el que viene después". Luego se dirige a Joe con mirada firme, y le cuenta la siguiente historia: "Había una vez un pez que, al encontrarse con un pez mayor, le comenta:

— *Estoy buscando eso que llaman océano.*

—*¿El océano? Estás en él ahora* —*contesta el pez mayor.*

—*¿Esto? Esto es agua. ¡Yo quiero el océano!* —*responde*

sorprendido el pez joven.

En ese instante, Joe vuelve a sentir que el tiempo se detiene y que no hay nadie a su alrededor, tal como cuando desliza sus dedos sobre las teclas del piano. En su mente empiezan a dar vueltas los mejores recuerdos de su vida, como si fuera un espectador revisando su propia biografía. Entonces entiende la chispa de Veintidós: el propósito de la vida es mucho más que una pasión. Puede incluir esa pasión, pero lo que nos hace verdaderamente felices es el amor por todo aquello que existe y por la vida. El hacer todo con amor. En el trabajo, en las relaciones con los demás, en el disfrute de las cosas simples, en valorar la vida por el hecho de estar vivos. Paradójicamente, el sentir el acecho de la muerte es lo que hace que Joe comprenda el propósito de la vida.

Este es el mensaje que transmite Pixar en Soul. Puede parecer como un spoiler de la vida: aquello que estábamos buscando afuera, esa chispa, pasión o vocación, no es finalmente lo que nos falta para sentirnos completos. Es mucho más simple que eso. Y es lo esperanzador de la vida. Lo que todos buscamos cuando comenzamos a indagar en el propósito, es esa actividad o misión que creemos que si la encontramos y ejercemos, nos hará plenos. Algunos la tienen, como el caso de Joe, y entonces es importante poder vivirla. Pero no todos tenemos esa pasión por algo, y eso no impide que seamos plenamente felices. La pasión es un elemento del propósito.

La verdadera chispa, y que es común a todos los seres humanos, es amar la vida. Amar todo aquello que existe.

* * *

¿Qué es el amor por la vida?

Para Santo Tomás, "amar es querer el bien de alguien[152]"; para Alain, es "encontrar la propia riqueza fuera de uno mismo[153]"; y para los sabios Toltecas, "todo está hecho de amor. El amor es la vida misma[154]". Para mi, el amor es la fuerza más poderosa que existe en el universo. Se siente como una euforia dentro del pecho que ocupa todo el espacio donde antes había vacío. Por eso cuando hay amor, uno se siente completo. Es abundancia y plenitud. El opuesto de la carencia.

Erich Fromm señala que "el amor es un poder activo del hombre que atraviesa las barreras que separan al ser humano de sus semejantes y los une a los demás". Para él el deseo de fusión interpersonal es el impulso más poderoso que existe entre los humanos. Constituye su pasión más fundamental, la fuerza que sostiene a la raza humana, al clan, a la familia y a la sociedad[155]. En el acto de amar y de entregarse, uno se encuentra a uno mismo y al otro, y descubre la verdadera naturaleza del hombre.

Cuando amamos, hay una entrega. Pero no una de carácter transaccional, en la que doy algo y recibo otra cosa a cambio. En el amor, el solo hecho de dar nos brinda goce. Es en el acto mismo que logramos experimentar la fuerza, riqueza y vitalidad de ser, y es esa experiencia de potencia desbordante lo que nos llena de dicha. Uno se siente pródigo, vivo y privilegiado.

Este tipo de amor no es lo mismo que el amor romántico o el enamoramiento *(eros)*. Tampoco es lo mismo que el amor familiar o amistoso *(philia)*.

El amor por la vida es aquel que va más allá de nuestro círculo cercano o circunstancias. Es ese que nos invita a salir del egoísmo y narcisismo del amor a uno mismo. Es sublime, universal y genuinamente desprendido. Como si fuese una forma de amor divino o espiritual. Es un amor que da entregándolo todo, no solo a los cercanos, sino también al extraño, al desconocido, incluso, al enemigo[156]. Los griegos llamaban "agápe" a ese tipo de amor.

Se trata de un amor altruista, a la humanidad, como si fuese una inclinación natural a amar al hombre y a la naturaleza. En alcance, es por lejos el que tiene mayor potencial, pues es infinito.

Spoiler alert: El propósito no era
lo que yo creía

El amor es la virtud por excelencia. De él se alimentan otras como la generosidad, la humildad, la justicia, la empatía, la tolerancia, la colaboración, la paz y el perdón. Es el amor el que nos abre paso hacia una vida de virtud. Es el alimento del alma humana.

Encontrarse con esta forma de amor, de agápe, es lo que le permite a uno dejar de pensarse como centro del universo. Nos da la posibilidad de desafiar cada día nuestro ego, y de elegir valores trascendentales por sobre los individualistas, aunque este camino requiera siempre más esfuerzo. El ego no sabe amar, o solo se ama a sí mismo. Por eso lo quiere todo para sí, y aun así no se satisface con nada. Pero el agápe es el antídoto para esa tiranía, pues es un amor liberado del ego y que nos libera de él. Es el amor que debe nutrir todo otro tipo de amor.

Esta forma de amor nos permite avanzar mucho más allá de lo que creemos posible. Nos convierte en guerreros, preparados para superar las adversidades y dispuestos a asumir los costos que estas impliquen. Esta fortaleza encuentra poca resistencia, porque **transforma el deber en querer.** Y cuando uno ama, ya no hace las cosas por obligación, sino por entrega. Porque el amor es el opuesto al deber. Por eso, si amo la naturaleza, la cuidaré; si amo mi trabajo, lo haré con placer; si amo a mis hijos, me alegraré al verlos formar su propia familia; si aprecio a mis amigos, siempre estaré para darles una mano; si amo a mi país, lucharé para que la vida en común sea la mejor posible; y si amo la vida, agradeceré cada día por estar vivo.

Como dice Kant, "lo que se hace por obligación, no se hace por amor[157]", y por eso, para Fromm, "la máxima del deber es actuar como si amaras".

A diferencia de otros tipos de amor, como el de pareja o el fraternal, que reposan en los sentimientos, el amor por la vida trasciende a la voluntad y a la propia circunstancia, en la medida que reposa en una intelección —es decir, una comprensión intelectual, pero también con los sentidos— del mundo y el universo.

Quien elige seguir el camino de propósito, lo hace porque ha elegido amar. Y el amor, al igual que el propósito, no es algo que se alcance en algún momento, se trata de un recorrido que nunca termina y que siempre puede ser más rico e intenso.

Tal como en el amor, en el propósito se encuentra el remedio para la soledad. Ya no somos uno, pues siempre hay otro con el cual converge ese sentimiento de fusión o unidad. Y germina cuando una persona siente que las necesidades de los demás son tan importantes como las propias[158].

Propósito, felicidad y amor componen una trilogía en la que los tres elementos se retroalimentan: el propósito de los seres humanos es ser feliz, y para ser felices, necesitamos del amor. El amor y la felicidad generan un círculo virtuoso. Mientras mayor es el amor mayor es la felicidad y por esa misma razón también aumenta el nivel en que vivimos nuestro propósito.

Propósito = Felicidad   Amor

Spoiler alert: El propósito no era
lo que yo creía

La libertad de ser libre

Harriet Tubman, nacida en 1820, fue una esclava afroamericana que comenzó a trabajar a la edad de cinco años para una familia en Maryland, Estados Unidos. Pasaba el día limpiando la casa y los establos, y en la noche estaba al cuidado de los hijos de sus amos. Si alguno de los niños lloraba durante la noche, Harriet era azotada.

Un día, cuando Harriet tenía siete años, cansada de los malos tratos y de los latigazos, se fugó de la casa y se escondió en un chiquero cercano durante cinco días, donde se alimentó con la comida de los animales. Por desgracia, fue encontrada por el capataz y, al retornar donde sus amos, fue azotada sin compasión. Este episodio marcó profundamente su vida y, desde entonces, nunca más abandonó el intenso deseo de huir y ser libre.

Años después, comenzó a trabajar en las plantaciones de algodón. Un día, uno de los capataces le gritó duramente y le ordenó que le diera latigazos a otro esclavo que trabajaba junto a ella. Harriet se negó, y entre los gritos y peleas, el esclavo logró escapar. En un intento por detener al fugitivo, el capataz le lanzó una pesa de un kilo, pero en vez de alcanzarlo a él, esta golpeó a Harriet en la cabeza, dejándola con daños neurológicos de por vida. Este episodio la condenó a ganarse el estigma de esclava rebelde, lo cual determinó que nunca fuese liberada.

A sus veinte años, fue vendida a un hombre con el cual tuvo dos hijos. Ahora no solo Harriet estaba destinada a la esclavitud, sino también ellos. Tanto sufrimiento la llevó a escapar una noche de verano de 1849 hacia el norte, donde podría alcanzar la anhelada libertad. A lo largo de aquel viaje, Harriet contó con la ayuda de opositores a la esclavitud y asociados al grupo denominado Ferrocarril Subterráneo. Estos abolicionistas habían establecido una serie de casas, graneros, cuevas y escondites para que los esclavos fugitivos los utilizaran en su camino hacia la libertad.

Una vez libre, Harriet comenzó a ahorrar dinero para lograr liberar a más esclavos del sur. Hasta entonces, cuando estos querían huir, se guiaban por la Estrella Polar, que les indicaba la dirección hacia el norte. Harriet los apoyaba dándoles el punto de partida y las conexiones, pasando a ser conocida con el sobrenombre de Moisés ya que, tal como el profeta condujo a su pueblo desde la esclavitud en Egipto hacia la Tierra Prometida, ella dirigió a los esclavos hacía la libertad.

Realizó trece misiones de rescate, en las que liberó a cerca de trescientos esclavos. Durante sus últimos años de vida, se dedicó a promover el derecho de las mujeres a votar. Cuando se fundó en 1886 la Federación Nacional de Mujeres Afroamericanas, Harriet Tubman pronunció el discurso de apertura.

Esta es una de las historias que dan vida al concepto anglosajón de North Star o Estrella del Norte, que representa la dirección que guía constantemente nuestras vidas hacia la libertad. Es una dirección tan profunda y estable en el tiempo, que se mantiene sin alterarse por los cambios que sufra el mundo a nuestro alrededor.

¿Por qué Harriet dedicó su vida a obtener la libertad de otros, en lugar de disfrutar la propia? Lo que ella necesitaba era alcanzar otro nivel de libertad.

¿Somos libres?

Creemos que somos libres porque tenemos un cúmulo de libertades cuyo único límite es el respeto de los derechos de los demás. Somos libres para desplazarnos, pensar, opinar o consumir sin restricciones. Pero la verdad es que, la gran mayoría de las veces, nosotros mismos restringimos esa libertad, como si viviésemos en una cárcel mental. Mantenemos relaciones sentimentales con las cuales estamos insatisfechos, pero no hacemos nada por cambiar esa situación. Trabajamos en empleos que detestamos y tenemos un sueño, pero nos da terror salir de nuestra zona de confort.

Nos fijamos una reja que frena nuestro camino, sin darnos cuenta de que a la derecha y a la izquierda no hay barreras, está abierto para seguir avanzando. No es una celda real. Es una cárcel mental

Spoiler alert: El propósito no era
lo que yo creía

Así pasa con la mayoría de los humanos. Nos sentimos presos, pero no queremos escapar de nuestras celdas porque, en el fondo, sabemos que la libertad conlleva responsabilidad. Y si asumimos la responsabilidad de nuestro rol en el mundo, es probable que nos demos cuenta de lo que debemos cambiar. Pero las personas no siempre estamos dispuestas a cambiar. Por el contrario, esperamos que el resto cambie. Esto nos lleva a tener un papel secundario en nuestra propia vida, un rol pasivo, a la espera de que otros personajes o acontecimientos se hagan cargo del desenlace de nuestra película.

El ser humano es libre cuando se permite elegir, no cuando está siendo acarreado o empujado por las circunstancias. La elección nos permite salir de ese adormecimiento o letargo existencial, volcar la atención sobre nosotros mismos y ejercer nuestra libertad en toda su magnitud.

Toda elección supone cambios, tanto en nosotros mismos como en nuestra relación con el mundo[159]. Somos libres desde que podemos cambiar el propio presente. No podemos elegir las circunstancias que nos rodean, pero sí el tipo de relaciones que queremos sostener con aquello que nos circunda. Ejercer la libertad es, finalmente, la obstinada pero alegre persistencia en la dirección que hemos elegido, sin importar el resultado.

Somos libres de definir nuestro éxito

Éxito viene del latín *exitus*, que significa salida. Se relaciona con los resultados de lo que hacemos, más que con el hacer mismo. Consiste en conseguir aquello que nos proponemos, en lograr nuestras metas y objetivos. Nuestra cultura nos enseña que el éxito es triunfar, ganarle a los demás, hacer mucho dinero y, ojalá, no tener que trabajar nunca más. Pero ya sabemos que el éxito tiene muchos aspectos, y que la riqueza material es solamente uno de ellos. El éxito se compone de salud, energía, entusiasmo por la vida, relaciones cercanas con los demás, creatividad, estabilidad emocional y psicológica, sensación de bienestar y paz[160].

El éxito mal entendido genera un quiebre con la plenitud, y sucede cuando privilegiamos lo que se nos dice que "deberíamos ser" por lo que verdaderamente deseamos ser. Cuando somos conscientes de este clivaje y de lo importante que es resolverlo bien, el camino de propósito se carga de energía y amor espiritual, porque hacemos coincidir lo que deseamos profundamente (nuestra intención) con lo que hacemos (nuestros objetivos). Al ocurrir esto, todo lo que uno hace adquiere una calidad extraordinaria, porque nuestro quehacer se convierte en el canal a través del cual penetra la consciencia universal.

Como podrán inferir, no hay un solo camino para alcanzar el éxito, sino tantos como personas buscando alcanzar su propósito.

> *Éxito es reír mucho y con regularidad; ganarse el respeto de personas inteligentes y el cariño de los niños; ganar el aprecio de críticos sinceros, y soportar la traición de amigos falsos; apreciar la belleza; encontrar lo mejor de los demás; dejar el mundo un poco mejor, ya sea mediante un niño sano, un trozo de jardín o el rescate de un grupo social; saber que por lo menos una vida respiró mejor por haber vivido tú. Esto es tener éxito".*

Ralph Waldo Emerson.

Spoiler alert: El propósito no era
lo que yo creía

Vivir con propósito

Si bien comencé a escribir este libro con la intención de definir qué era el propósito, y la investigación rindió sus frutos, pues encontramos las respuestas a estas preguntas:

¿Qué es el propósito?

La razón de existir de algo o alguien

¿Cuál es el propósito de los seres humanos?

Ser felices

...En el proceso me fui dando cuenta de que eso no era lo verdaderamente valioso, sino descubrir otra cosa: cómo es vivir con propósito o cuál es ese camino.

El propósito es, finalmente, una filosofía de vida que nos orienta a organizarla de una manera que nos haga felices.

Nos vamos fijando objetivos y metas que son un reflejo de quienes somos y nuestro lugar en el mundo. Este proceso es imposible, sin primero, indagar profunda y reflexivamente en nuestra autenticidad y pasiones, haciendo sentido entre los distintos objetivos y metas que nos fijamos. Esto, teniendo siempre en mente que en cada una de ellas, debemos estar contribuyendo a algo más grande que nosotros mismos.

Entonces, de ahora en adelante, más que preguntarnos o preguntarle a otros ¿cuál es tu propósito?, lo que debemos preguntar es:

> ### ¿Conoces el camino de propósito?
> ### ¿Cuáles son tus objetivos de propósito u "Objetivos P"?
> ### ¿Vives con propósito?

Vivir con propósito es:

"Una filosofía de vida que nos orienta a vivir de acuerdo a nuestra auténtica intención y nos permite alcanzar objetivos trascendentes".

Cuando logramos vivir con propósito es que logramos los tres impactos del *telos*:

> 1/ Transformar nuestros valores a aquellos más trascendentales,
> 2/ Activar nuestra motivación intrínseca, y
> 3/ Encontrar esa felicidad que buscábamos basada en el amor.

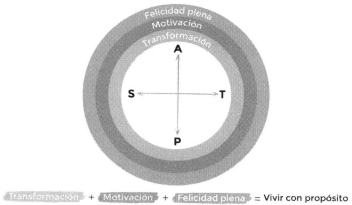

Transformación + Motivación + Felicidad plena = Vivir con propósito

¿Y por qué no decirlo así de claro desde un comienzo?

Si no hubiesen recorrido el camino de propósito desde el inicio, lo dicho en este último capítulo serían solo palabras que se las lleva el viento. Recuerden que somos seres complejos, y mientras más buscamos lo que queremos, menos lo conseguimos. Parece que algunas veces no sirve el atajo y hay que tomar el camino largo.

Así lo dice la ley del mundo al revés del filósofo Alan Watts: mientras más buscas la felicidad, menos satisfecho estás ya que, al perseguirla tan directamente, solo refuerzas aquello que careces. Mientras más te desvelas por llegar a ser rico, más pobre e insignificante te sientes, sin importar cuánto dinero tengas en la práctica. Mientras más desesperado estás por ser feliz o amado, más solo y temeroso te sientes, sin importar quien te rodee.

Por eso, la felicidad no se consigue así, sino que, al buscar pertenecer, autorrealizarnos y trascender, ella va asomándose por el camino.

Spoiler alert: El propósito no era
lo que yo creía

Tampoco podemos pretender estar felices todo el tiempo, pues la vida no se trata de eso. Siempre estaremos enfrentando problemas que tenemos que resolver y el desafío no está en evitarlos, en buscar una vida fácil, sino en encontrar aquellos problemas que sí disfrutamos o estamos dispuestos a sufrir con tal de resolverlos.

El esfuerzo y el sacrificio son parte de una vida con propósito. Paradójicamente, el dolor después de hacer ejercicio nos hace más fuertes; los tropiezos al emprender nos enseñan lo necesario para alcanzar el éxito; estar conscientes de nuestro ego lo mantiene controlado; y enfrentar conversaciones difíciles, pero honestas, es lo que hace crecer las relaciones[161]. Sufrir es biológicamente útil para nuestra supervivencia y para movilizar el cambio. Es tiempo de que dejemos de verlo como algo malo.

En fin...podría seguir y seguir hablando del propósito. Pero nada que les pueda decir será más útil que lo que me enseñaron mis hijas al contarme el cuento de la cubeta invisible.

El cuento de la cubeta invisible

Una noche de cuarentena a causa de la pandemia, cuando ya

no se me ocurría cómo entretener a mis hijas, ellas me propusieron un juego. Consistía en hacerse preguntas difíciles, y si alguna sabía la respuesta, ganaría un premio. Acepté la propuesta pensando en hacer preguntas tan complejas que jamás sabrían la respuesta, ya que no tenía ningún premio que darles. Suelo hablar mucho del propósito con ellas, las trato de involucrar en lo que hago y, sobre todo, transmitirles el valor que tendrá en sus vidas adultas, así que me aproveché de eso y les pregunté:

—¿Qué es el propósito?

Nicole, mi hija mayor de diez años, me miró con esa cara de sabelotodo que pone cuando está muy segura de algo y me dijo:

—Mamá, todos tenemos una cubeta invisible. No la podemos ver, pero está ahí. Tiene una función muy especial, que es guardar los buenos pensamientos y sentimientos sobre nosotros mismos. Se siente muy bien cuando está llena, pues nos hace felices, y nos sentimos tristes y solos cuando está vacía.

Emilia, de ocho años, y Amanda, de seis, comenzaron a interrumpir, como si supieran qué venía después, pero Nicole consiguió silenciarlas (como buena hermana mayor) y continuó con su explicación:

—Tu cubeta se llena cuando haces algo para llenar la de otra persona. Por ejemplo, cuando le demuestras cariño o haces algo bueno por ella. También cuando eres respetuoso, le regalas una sonrisa a alguien o lo haces sentir especial. ¡Eso es el propósito, mamá! Como cuando tú me abrazas cuando estoy triste, o me acompañas cuando estoy solita.

Emilia continuó:

—Si tratas de vaciar la cubeta de otros molestándolos o haciéndolos sentir mal para llenar la propia, no funciona. Si le haces daño a los demás o *bullying*, tu cubeta se mantiene vacía.

Y Amanda terminó diciendo:

—Lo que importa es llenar la cubeta de los demás, solo así se llenará la propia.

Mis tres hijas conocían esta historia y es, hasta ahora, la más clara, sencilla y pedagógica explicación de cómo vivir con propósito que he conocido[162].

¿Y qué harás tú para llenar tu cubeta de ahora en adelante?

* * *

FIN

Spoiler alert: El propósito no era
lo que yo creía

CONSCIENCIA: DESPUÉS DE HABER INICIADO MI CAMINO TE PUEDO CONTAR QUE HE APRENDIDO MUCHAS COSAS ACERCA DE LO QUÉ ES EL PROPÓSITO:

ES UNA FORMA DE ORGANIZAR NUESTRA VIDA DE MANERA DE INVERTIR NUESTRO TIEMPO Y ENERGÍA EN AQUELLO QUE REALMENTE ES IMPORTANTE PARA NOSOTROS.

SE TRATA DE FIJARNOS OBJETIVOS Y METAS QUE CONTRIBUYAN A NUESTRA FELICIDAD.

CUANDO VIVES CON PROPÓSITO TE SUCEDEN COSAS MARAVILLOSAS: TUS VALORES DEJAN DE SER INDIVIDUALISTAS, TU MOTIVACIÓN SE ACTIVA Y ENCUENTRAS ESA FELICIDAD QUE TANTO BUSCABAS.

DEBEMOS SABER QUIÉNES SOMOS PARA DESPUÉS COMPRENDER CUÁL ES NUESTRO LUGAR EN EL MUNDO

TAMBIÉN ES LA MANERA EN QUE INDAGAMOS EN NUESTRA AUTÉNTICA INTENCIÓN PARA LOGRAR OBJETIVOS TRASCENDENTES.

EL NIVEL DE PROPÓSITO EN TU VIDA DEPENDE DEL NIVEL DE AUTENTICIDAD, PASIÓN, SENTIDO Y TRASCENDENCIA QUE ESTÉ VIVIENDO.

EL PROPÓSITO ES UNA FILOSOFIA DE VIDA QUE NOS PERMITE SER TODOS LOS DÍAS CONSCIENTES DE QUE NUESTRA FELICIDAD DEPENDE, EN GRAN PARTE, DE LA CONTRIBUCIÓN QUE PODAMOS HACER A LA VIDA DE LOS DEMAS.

EL PROPÓSITO DE TODOS ES SER FELIZ Y PARA SER FELICES NECESITAMOS AMAR. AMAR NUESTRA FAMILIA, NUESTRO TRABAJO, LA NATURALEZA, Y LO MÁS IMPORTANTE, AMAR LA VIDA.

...Y POR SOBRE TODO SE TRATA DE UN CAMINO DE VIDA QUE NO TERMINA NUNCA.

Test Telos

Ahora que eres un experto en propósito te invito a medir el
nivel de propósito en algún ámbito de tu vida.

SCAN ME

Apéndice I: Ikigai y Golden Circle

Ikigai: una filosofía milenaria japonesa

En Asia, los japoneses crearon su propia filosofía de propósito, conocida por el nombre *ikigai*, cuya traducción al español significa la razón de ser o existir de una persona. Distintos autores han desarrollado este concepto para el mundo occidental, enfatizando que la filosofía del *ikigai* busca responder a preguntas existenciales tales como:

¿Qué es aquello por lo que merece la pena vivir?

¿Qué hace que nos queramos levantar por las mañanas?

¿Qué cosas nos complacen y nos brindan la sensación de estar vivos?

El *ikigai* tiene un enfoque holístico de la vida que busca un equilibrio entre lo físico, lo mental y lo espiritual. Para eso, ha considerado la importancia de las relaciones interpersonales, la contribución a un mundo mejor, la alimentación saludable, el ejercicio físico y el hacer aquellas cosas que amamos[163].

Esta filosofía se volvió popular en occidente a principios del siglo XXI, gracias a una investigación que publicó la revista

National Geographic sobre aquellos lugares del mundo en los que las personas eran más longevas. El estudio dirigió el radar de los lectores a la ciudad de Okinawa, en Japón, uno de los cinco lugares mencionados en el artículo, los cuales denominaron *Blue Zones*[164].

La isla, ubicada en el extremo sur de Japón, no solo ha sido reconocida mundialmente por la longevidad de sus habitantes, sino también porque lo hacen en mejores condiciones de salud que el promedio mundial. Este fenómeno ha sido atribuido a una alta calidad de vida, que se funda en esta visión holística de la existencia humana y la vida con propósito que llevan.

Elementos que componen el ikigai

Quizá la contribución de la filosofía japonesa que más ha trascendido en el último tiempo ha sido la del esquema del ikigai. Este se presenta en un dibujo que describe los cuatro elementos fundamentales que, bajo su visión, constituyen el propósito de una persona:

a) Lo que amas.
b) Lo que necesita el mundo.
c) En lo que eres bueno o tus talentos.
d) Por lo que te pueden pagar[165].

Esquema clásico que representa los cuatro elementos del *ikigai* o propósito, y el efecto que producen sus combinaciones.

De acuerdo al ikigai, estos cuatro elementos realizan distintas combinaciones[166]. De cada combinación de dos elementos, surge un nuevo concepto de la siguiente manera[167]:

La **profesión**, que emerge de la combinación de los elementos "en lo que eres bueno" y "por lo que te pueden pagar".

La **vocación**, que emerge de la combinación de los elementos "lo que el mundo necesita" y puedo contribuir, con "por lo que te pueden pagar".

La **misión**, que emerge al unir los elementos de "lo que necesita el mundo" con "lo que amas".

La **pasión**, que se alcanza si unes los elementos "en lo eres bueno" y "lo que amas".

Seguramente, cuando eran pequeños les habrán preguntado varias veces qué querían ser al llegar a su vida adulta, y les mencionaban distintas profesiones o vocaciones de familiares o conocidos, pero nunca les hablaban de su misión o pasión. Esto se debe a que en la cultura occidental una vida profesional exitosa es aquella que nos permite generar riqueza, relegando la importancia de la pasión o misión, que no se consideran caminos sostenibles financieramente.

Desde que tenemos uso de razón, se nos alienta y desafía a descubrir esa vocación o profesión que va a determinar, en gran medida, nuestra identidad y valor en la sociedad. Por lo mismo, es común que a quienes manifiestan una pasión o un sentido de misión —por ejemplo, en el caso de las ocupaciones artísticas o altruistas— se les oriente a que lo consideren solo un *hobby* y no su actividad principal, con la creencia de que no podrán mantenerse económicamente de esa forma. Esto nos ha llevado a tener una mirada práctica de la vida, dejando de lado esa visión más completa y transversal del desarrollo humano, que incluye la pasión y la misión.

Por el contrario, el *ikigai* reconoce con gran sabiduría que la vida es más compleja y va más allá de una profesión, vocación, misión o pasión. Asimismo, establece que el propósito se alcanzará solamente al combinar los cuatro elementos fundamentales. Obviamente, lo ideal es mantener un equilibrio entre los cuatro, aunque en la gran mayoría de los casos unos elementos se vivan con mayor intensidad que otros[168]. Por ejemplo, si mi empleo consiste en trabajar con personas en situación de calle, es probable que el elemento "lo que amo" sea bastante más preponderante que "por lo que me pueden pagar", e igualmente vivir una vida con propósito, en la medida que esa preponderancia sea coherente con nuestros anhelos y cubra nuestras necesidades.

El *ikigai* también responde a lo que sucede en una fase intermedia, es decir, cuando logramos alcanzar tres de los cuatro elementos. El resultado es el surgimiento de distintas sensaciones que hacen que el sujeto, a pesar de estar cerca de alcanzar su propósito, no se sienta completo al carecer de uno de ellos. Por eso mismo, la sensación que emerja dependerá del elemento faltante en nuestra combinación, y podría dar lugar a un sentimiento de inutilidad, vacío, incertidumbre o pobreza.

Simon Sinek y el Golden Circle

En los últimos años, el aclamado comunicador y escritor inglés Simon Sinek, ha logrado popularizar el concepto de propósito a través de sus charlas TED, de videos en redes sociales y de sus fascinantes libros que se refieren al porqué de una persona o empresa[169]. Sus esfuerzos comunicacionales han sido extraordinariamente útiles para generar consciencia sobre el propósito entre un público más joven y masivo. Para Sinek, el por qué o propósito es nuestra razón de ser o existir.

Una de sus más influyentes presentaciones fue aquella en la cual presentó el *Golden Circle*, que tiene por objeto explicar las diferencias entre el por qué, el cómo y el qué de lo que hacemos, siendo el primero la dimensión más importante y, por lo que Sinek nos enseña, la forma en la que conectamos verdaderamente con los demás.

Sinek también logró explicar de manera extremadamente simple algo muy complejo de entender: la forma en la que opera nuestro cerebro, y que fue propuesta por primera vez en 1960 por el neurocientífico de la Universidad de Yale, Paul MacLean. Con una simple imagen y una breve explicación, logró demostrar que nuestra corteza frontal es la parte del cerebro que maneja la razón y el lenguaje, mientras que el cerebro límbico es la parte que controla nuestras emociones. Para Sinek, el cerebro límbico carece de lenguaje, de allí nuestra dificultad de expresar lo que sentimos.

Esto es importante, ya que la filosofía del propósito que presentamos busca justamente ayudarnos a lidiar con nuestra incapacidad de comprender y manejar nuestras emociones al ponerle nombre a aquellas cosas que sentimos, pero que no somos capaces de verbalizar.

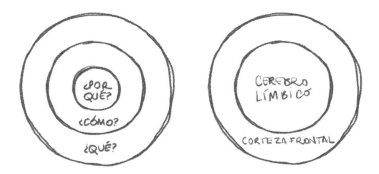

En estas imágenes se muestra cómo el "por qué" de lo que hacemos y el "cómo" lo hacemos están dentro del ámbito del cerebro límbico, que es nuestra parte emocional; mientras que el "qué" obedece a la corteza frontal, que es nuestra zona racional del cerebro.

Apéndice II: Definiciones de propósito

El siguiente cuadro abarca las definiciones de propósito creadas por distintos autores y que sirvieron de apoyo para la construcción de filosofía del *telos*.

Autor	Definición de propósito	Elementos clave
Viktor Frankl (1963), *El hombre en busca del sentido.*	Existe un talento único e individual que es distinto en cada uno de nosotros y que le da sentido a la existencia.	Individualidad y sentido
Martin Seligman (2012), *Flourish: A Visionary New Understanding of Happiness and Well-being.*	Pertenecer y servir a algo en lo que creemos que es más grande que nosotros mismos.	Trascendencia
Carol Ryff (1989), *"Happiness is Everything, or Is It? Exploration on the Meaning of Well-being[170]".*	Sentido de dirección en la vida.	Dirección
Todd B. Kashdan y Patrick E. McKnight (2009), *"Origins of Purpose in Life: Refining our Understanding of a Life Well Lived[171]".*	Es un objetivo de vida central y de auto organización que permite priorizar y motivarse hacia las metas, regular los comportamientos y proveer una sensación de significado o sentido.	Dirección y sentido
Corey Keyes (2011), *"Authentic Purpose: The Spiritual Infrastructure of Life[172]".*	Es la cualidad de estar determinado a hacer o alcanzar un fin constructivo para un colectivo de personas.	Trascendencia
Aaron Hurst (2014), *The Purpose Economy.*	El propósito vive en la intersección entre lo que tiene sentido para nosotros y el impacto que queremos generar.	Trascendencia y valores
Gary T. Reker y Paul T. P. Wong (1988), *Aging as an individual process: Toward a Theory of Personal Meaning.*	El conocimiento del orden, la coherencia y la razón de la propia existencia; la búsqueda y el logro de metas valiosas, y el consiguiente sentido de realización.	Dirección, sentido y valores

William Damon (2008), *The Path to Purpose: Helping Our Children Find Their Calling in Life.*	El propósito en la vida es una intención estable y generalizada que dota de sentido nuestras vidas, al mismo tiempo que nos permite contribuir al algo más grande que nosotros.	Intención, dirección y trascendencia
John Battista y Richard Almond (1973), *"The Development of Meaning in Life*[173]*"*; Gary T. Reker y Paul T. P. Wong (1988), *"Meaning and Purpose in Life and Well-being: a Life-span Perspective*[174]*".*	Coherencia con la vida	Sentido
James Crumbaugh y Leonard Maholick (1964), "An Experimental Study in Existentialism: The psychometric approach to Frankl's concept of noogenic neurosis[175]".	Significado ontológico de la vida desde la perspectiva del individuo que experimenta	Sentido, hacer
Login S. George y Crystal L. Park (2013), "Are Meaning and Purpose Distinct? An Examination of Correlates and Predictors[176]".	El sentido de tener metas centrales, una dirección en la vida y entusiasmo en relación al futuro.	Dirección, metas y motivación

Apéndice III: Teoría Z de Abraham Maslow[177]

Abraham Maslow desarrolló esta teoría sobre las características de las personas trascendentes, entendidas como aquellas que viven su propósito:

1. Para quien logra el estado de trascendencia, las experiencias peak y plateau (o místicas) se vuelven lo más importante en sus vidas.

2. Hablan fácil, natural e inconscientemente el lenguaje del ser, de los poetas, místicos, videntes y personas profundamente espirituales.

3. Tienen una percepción de unidad y de santidad (en sentido secular) del mundo a su alrededor, que abarca la totalidad de las cosas y de manera cotidiana.

4. Son conscientes y principalmente motivados por los valores trascendentales, tales como la verdad, la belleza, la bondad, la unidad y el asombro.

Los amigos del propósito

5. Parecen, de alguna manera, reconocerse mutuamente con los otros seres trascendentes, y llegan a una intimidad y entendimiento recíproco incluso en el primer encuentro.

6. Son más sensibles a la belleza, no necesariamente en los términos convencionales, así como también presentan una tendencia a embellecer las cosas.

7. Tienen una visión más holística de la vida, y los prejuicios o diferencias culturales, religiosas, políticas o intelectuales, prácticamente dejan de existir y son fácilmente superadas. Tienden a ver a todos los seres humanos como iguales.

8. Tienen una tendencia natural a lograr sinergias entre distintos grupos. No se rigen por el paradigma de la competencia, sino por el de la colaboración, en el cual no se busca ganar o perder, sino que maximizar el beneficio para todos.

9. Les es más fácil superar su propio ego, abriendo paso a una vida de acuerdo a su auténtica identidad.

10. Son personas queribles, inspiradoras, menos terrenales o más puras, lo que las hace ver ante los demás como grandes seres humanos.

11. Son más innovadores y curiosos. Poseen una visión de futuro, de lo ideal, de lo que realmente podríamos llegar a ser

y, por lo tanto, del potencial humano.

12. Aunque experimentan más momentos de éxtasis, entusiasmo y plenitud, es posible que sean menos felices (en el sentido hedónico) que las personas autorrealizadas que no buscan trascender. Esto se debe a que su sensibilidad los lleva a sentir una especie de tristeza al percibir tan nítidamente la autodestrucción, crueldad y poca perspectiva que conlleva la estupidez humana. Para Maslow, este sería un precio a pagar por una visión tan clara de la belleza del mundo, de las posibilidades de la naturaleza humana y su ausencia de maldad.

13. Se desmarcan del elitismo inherente a toda cultura competitiva, que lleva a un grupo de privilegiados a sentirse superiores a los demás. Esto es posible porque conciben a cada persona como un ser igualmente espiritual y conectada a ellos mismos, sintiéndola como un igual a pesar de las diferencias.

14. Muestran con más fuerza una correlación positiva entre el aumento de los conocimientos y la capacidad de asombro, porque son curiosos y humildes al mismo tiempo.

15. Tienen mayor facilidad para detectar a las personas creativas y virtuosas.

16. Comprenden y aceptan la existencia del mal como parte del equilibrio universal. Esto les permite una mejor comprensión del concepto, así como una mayor compasión y aceptación cuando se encuentran frente a él.

17. Se ven a sí mismos como intermediarios o custodios temporales de algo más grande que sí mismos. Si bien saben reconocer sus talentos y desarrollan todo su potencial de inteligencia, eficiencia, creatividad, liderazgo y espiritualidad al estar conscientes de su ego, en general no tienen actitudes arrogantes o soberbias por ello.

18. La mayoría son personas apegadas a la religión o espirituales.

19. Si bien pueden poseer un carácter fuerte y tener muy claro quiénes son, a dónde van, qué quieren y para qué sirven, saben también que no se trata de ellos y van mucho más allá de lo que es su propia identidad.

20. Se maravillan fácilmente con las cosas simples de la vida y las aprecian tal como son.

21. Saben vivir una vida plena, entregarse totalmente al amor y vivir sin conflictos.

22. Aman su trabajo y, en general, buscan una actividad en la cual puedan fusionar aquello que son con lo que hacen. Ven el dinero como un medio para vivir, no como un fin en sí mismo. Prefieren la simplicidad y no buscan el lujo, los privilegios, los honores ni las posesiones materiales.

23. Se identifican más con el somatotipo ectomórfico de Sheldon.

Apéndice IV: Niveles de trascendencia

Flow

El flow es un estado mental de absorción enfocado a una tarea interesante y desafiante para uno. Bajo el estado de flow, el yo se desvanece mientras se fusiona con la actividad que uno está realizando comprometidamente y, luego, la consciencia vuelve a emerger enriquecida por la experiencia.

Mindfulness / atención plena

El mindfulness o la atención plena es una capacidad humana para estar completamente presente, conscientes de dónde estamos y qué estamos haciendo. Todos tenemos esta capacidad, pero es necesario aprender a acceder a ella. Una de sus bondades es que nos permite bajar nuestra conducta reactiva y el sentimiento abrumador por lo que está pasando a nuestro alrededor. Posibilita ver la vida sin prejuicios, alejar los pensamientos negativos de nuestra mente y conectarnos con nuestros valores más espirituales, como el desapego, la apertura de mente, la compasión, empatía, consciencia y altruismo[178].

Gratitud[179]

La gratitud ha sido descrita como una actitud, una emoción, un estado de ánimo, una virtud moral, un hábito, un motivo, un rasgo de personalidad, una respuesta de afrontamiento e, incluso, una forma de vida.

Lo importante es saber que la gratitud es el reconocimiento de la bondad en la propia vida, y que tiene elementos que hacen que valga la alegría de vivirla. El ser conscientes de que hemos recibido algo nos gratifica, ya sea por su presencia o por el esfuerzo de quien nos lo regala. También consiste en descubrir que las fuentes de bondad se encuentran, al menos parcialmente, fuera de uno mismo. El objeto de la gratitud está dirigido siempre a otro: a personas, a Dios o a la naturaleza, pero nunca a uno mismo.

La gratitud implica humildad, un reconocimiento de que no podríamos ser quiénes somos o dónde estamos en la vida sin la contribución de los demás. Al ser agradecidos nos sentimos bien, y nos motiva a compartir la bondad que hemos recibido con otros.

Capacidad de asombro

Es una emoción positiva que incluye cambios perceptivos significativos como, por ejemplo, lograr alterar el sentido del tiempo[180]. El asombro puede ser el resultado de la percepción de la inmensidad que nos rodea y la necesidad de acomodarse a ella[181]. Esta inmensidad puede adoptar una forma perceptiva, como la de ver la aurora boreal, o una conceptual, como el primer encuentro con una teoría que parece explicar casi todo[182]. Es, entonces, la reacción cuando nos encontramos frente a algún aspecto del mundo que nos maravilla.

Inspiración

La inspiración es un estado que se caracteriza por generarnos una alta activación intelectual, claridad, apertura y atracción hacia un objeto, al mismo tiempo que nos genera una sensación placentera[183].

Este estado se caracteriza por tres elementos:

1/ Evocación: se experimenta como una reacción a un estímulo que se encuentra en el exterior o que surge de una fuente intrapsíquica (por ejemplo, la memoria o los procesos inconscientes). El sujeto inspirado no se siente directamente responsable de este estado, aunque puede sentirse responsable de crear las condiciones propicias para que se produzca.

2/ Trascendencia: entendemos que el objeto evocador revela nuevas o mejores posibilidades, y el individuo adquiere una nueva consciencia cognitiva de la posibilidad.

3/ Motivación: el sujeto se ve direccionado a buscar un resultado positivo en lugar de evitar uno negativo, y se siente motivado a llevar a cabo las nuevas o mejores ideas[184].

Actos altruistas

El altruismo proviene del francés *altruisme*, que significa la disposición a procurar el bien ajeno, aun a costa del propio. Sus formas más frecuentes son el voluntariado, mediante el cual uno dedica su tiempo a una actividad que no es remunerada a una causa socialmente valiosa; y las donaciones, a través de las cuales uno entrega a otros un bien material, típicamente una suma de dinero, sin esperar nada a cambio. Puede ser un kilo de azúcar o una gran suma de dinero, lo relevante es la intención, no el bien donado, y el grado de involucramiento con la causa.

Vocación de servicio

Este es un concepto muy utilizado para referirse a la entrega en el ámbito laboral, pero a pesar de que se confunde con el propósito, es más específico. La vocación es el sentido que obtenemos cuando trabajamos en aquello que amamos hacer, podemos emplear nuestros talentos y, al mismo tiempo, contribuir a mejorar los dolores del mundo[185].

La vocación de servicio es una virtud que nos permite manifestar el amor por los demás. Está en el campo de la acción, del obrar, de hacer algo por alguien. Es una actitud del espíritu por la cual nos abrimos a un mundo rico en experiencias, donde podemos sacar lo mejor de nosotros mismos y, a su vez, enriquecer nuestra consciencia con estas relaciones.

Ponerse al servicio de otro implica un auténtico proceso de conexión entre ambas partes: quien sirve y quien es servido. Esta conexión con el tiempo va tomando la forma de una relación que le permite a quien sirve de poner en práctica un sinnúmero de virtudes que posibilitan, a su vez, su propia autorrealización y trascendencia. Las maneras más comunes de servicio son el religioso y el trabajo.

Generatividad

De acuerdo a la teoría del desarrollo de Erik Erikson[186], la generatividad es el reto al que las personas se enfrentan en la mediana edad. Se define como el interés por guiar y asegurar el bienestar de las siguientes generaciones y dejar un legado que nos sobreviva. La generatividad se puede expresar a partir de actividades, como la crianza de los hijos, el cuidado a personas dependientes o la formación de los jóvenes.

En cualquier caso, implica contribuir al bien común de los entornos en los que participamos para reforzar y enriquecer las instituciones sociales, asegurar la continuidad entre generaciones o plantear mejoras sociales. Este elemento está íntimamente conectado con aquello que dejamos en el mundo terrenal, con nuestro legado, y obedece, ni más ni menos, al deber moral de dejar el mundo mejor de como lo encontramos.

Amor

Los seres humanos alimentamos nuestra consciencia con amor. Cuando somos pequeños, necesitamos recibirlo de los padres, y de adultos lo vivimos de manera recíproca con los seres más cercanos. Luego, llega un momento en el que nuestra capacidad de amar se expande sin límites, y nace un deseo de entregar amor a cualquier ser humano, incluso sin conocernos. El amor inicialmente satisface nuestras necesidades de pertenencia y conexión, pero también es una fuente de energía para impactar positivamente la vida de los demás. En cualquiera de sus formas, nos invita a trascender y es, probablemente, la manera más poderosa de hacerlo.

Experiencias místicas: *peak* y *plateau*

Las experiencias peak, como señala Maslow, son aquellas en las cuales transcendemos a nuestras preocupaciones personales. En tales estados revelados, estéticos o emocionales, uno siente una intensa alegría, paz, bienestar y una conciencia de la verdad última y la unidad de todas las cosas[187]. Cuando las vivimos, emerge una sensación de que nuevos horizontes y posibilidades se abren para uno y para los demás.

Cuando estas experiencias peak pasan a estados más permanentes, se denominan experiencias plateau o místicas, las cuales son más duraderas, serenas y cognitivas. En este estado, además de sentir una especie de éxtasis, también se suele percibir una sensación de tristeza, al darnos cuenta de que otros no pueden vivenciar encuentros similares. Si bien Maslow creía que las personas autorrealizadas y maduras son las que tienen más probabilidades de tener estas experiencias, también señalaba que todo el mundo era capaz de tenerlas.

Para Maslow, cuando trascendemos entramos en un estado en el cual dejamos de inquietarnos por pequeñeces, y podemos enfocarnos en lo verdaderamente importante: vivir una vida virtuosa.

Según Romain Rolland, al trascender, los problemas personales se tornan nimios, y durante unos momentos nuestro cuerpo se llena de un inusual placer beatífico. Rolland describió esta experiencia como una sensación de eternidad, como algo sin límites ni barreras, como un sentimiento de inmensidad y completitud. Existen varios otros autores que han tratado de describir este tipo de experiencias, aunque la gran mayoría reconoce que es prácticamente imposible hacerlo con exactitud de lenguaje.

Son transformaciones que se sienten intensamente y que permanecen en nosotros. Si bien el momento es fugaz, llega a lo más hondo de nuestro ser, pues cala en las capas más profundas de consciencia, más allá de lo aparente y superficial. En algunos casos es revelador, pues nos proporciona la solución a algún problema que anhelamos resolver o nos conduce a un nuevo descubrimiento. Sin duda, es una experiencia que enriquece la vida, cambia la dirección de nuestras metas y, sobre todo, nos hace sentir que nuestra vida tiene propósito.

En lo que muchos coinciden es que las experiencias místicas más profundas provienen de los momentos en los que superamos una lucha o desafío que parecía casi imposible de superar o alcanzar. Cuando vemos que somos capaces de hacer cosas increíbles, comenzamos a perder el miedo que antes nos impedía crecer. Para Maslow, el asunto del esfuerzo es crucial en nuestro bienestar: no se trata de lograr algo, sino de esforzarse por ello[198].

Glosario:

- *Agápe:* forma más elevada de amor y que se siente respecto de todo lo que existe en el universo por el solo hecho de ser parte de él.

- *Autenticidad:* valor que hace referencia a la persona que dice la verdad, acepta la responsabilidad de sus sentimientos y conductas, y es sincera y coherente consigo misma y con los demás. También se expresa como la fidelidad a uno mismo, espíritu y carácter.

- *Camino de propósito:* la vida como recorrido único para cada persona y que evoluciona con nuestro propio desarrollo.

- *Consciencia[195]:* capacidad del ser humano para percibir la realidad y reconocerse en ella.

- *Espiritualidad:* intuición que nos lleva a sentir y comprender que estamos todos conectados entre nosotros por algo más grande que nosotros mismos, más allá de cualquier dogma o creencia.

- *Eudemonía:* felicidad en su sentido completo, que contiene el placer y el sentido de la vida. También la llamaremos "felicidad plena", "florecimiento" o "bienestar".

- *Hedonismo:* forma de felicidad que se centra en buscar el placer y alejarse del dolor.

- *Intención:* determinación de nuestra voluntad hacia un objetivo.

- *Mapa personal:* una forma de organizar y visualizar nuestro camino de propósito que nos permite incorporar el propósito, nuestros objetivos y metas en nuestro plan de vida.

- *Meta:* finalidad que busca resultados de corto o mediano plazo, que nos permiten generar un plan de vida y sentir que estamos progresando en una determinada dirección.

- *Motivación:* energía que nos mueve a alcanzar aquello que nos interesa.

- *Objetivo:* aquello a lo que se dirige o encamina la vida en un ámbito específico.

- *Pasión:* fuerte inclinación hacia una actividad o causa que amamos y en la que somos buenos.

- *Sentido de la vida:* capacidad intelectual que nos permite percibirnos en nuestra propia singularidad y comprender íntimamente la vida que merece ser vivida.

- *Sentimiento oceánico:* concepto que se refiere a que somos parte de un todo más grande. Al igual que una gota en el océano, en el cual cada uno es una gota y el océano es el universo.

- *Telos ("propósito" en griego):* metodología que tiene por fin ayudar a las personas a descubrir su camino de propósito. Se compone de cuatro elementos: autenticidad, pasión, sentido de la vida y trascendencia. Y genera tres impactos en la vida de las personas: una transformación en sus valores, activa la motivación intrínseca y permite alcanzar la felicidad plena.

- *Trascendencia:* deseo de contribuir a algo más grande que nosotros mismos.

- *Virtud:* cualidad humana que define el obrar bien.

Tabla 1

En este recuadro se muestran las fuentes de sentido de la vida de diferentes autores reconocidos en la materia.

Autor	Pertenencia / Familia	Autorrealización / Logros	Trascendencia / Religión / Espiritualidad	Trabajo	Comunidad	Política	Recreación
Robert A. Emmons (1999), "Personal Goals, Life Meaning, and Virtue: Wellsprings of a Positive Life[191]".	X	X	X				
Paul T. P. Wong y Prem S. Fry (1998), The Human Quest for Meaning: A Handbook of Psychological Research and Clinical Applications[192].	X	X	X				
Karen L. DeVogler y Peter Ebersole (1998), "Adults' Meaning in Life[193]".	X		X	X	X	X	
Kendall Cotton Bronk (2013), Purpose in Life: A Critical Component of Optimal Youth Development.[194]	X	X	X	X	X		
Carol D. Ryff y Burton Singer (1998), "The Contours of Positive Human Health[195]".	X			X			X
Gerben Westerhof, Ernst Bohlmeijer, and Marije W. Valenkamp (2004), "In Search of Meaning: A Reminiscence Program For Older Persons[196]".	X	X	X	X	X	X	X

Agradecimientos

AGRADECIMIENTOS

Una de las grandes razones para querer terminar de escribir este libro fue para agradecer. Pensé miles de veces cómo dejar en palabras un sentimiento tan profundo como la gratitud. Al agradecer, desnudamos nuestra humildad públicamente. Es un reconocimiento de que no podríamos ser quienes somos sin la contribución de los demás. Ser agradecidos no es ceder reconocimiento en favor de los demás, es una forma de trascender.

He aprendido que no pueden existir obras grandiosas de manera individual. La vida es muy compleja como para dejarle a una sola persona la tarea de hacerlo. Si esta obra tiene algo de grande, y espero que así sea, se lo debo a quienes reconoceré a continuación.

Partiré por mi familia, sanguínea y ampliada:

A mi marido Diego.

Lo más auténtico de mi vida. Gracias a ti conocí lo que es el amor y la libertad.

Este libro fue nuestra forma de comunicarnos y compartir algo muy profundo. La prueba más grande de amor fue tu generosidad al darme el espacio para vivir este proceso.

Me diste la idea, el impulso, fuiste mi editor principal e incondicional, y el creador del título que, después de varios meses, elegimos para este ensayo.

Este libro es, sin lugar a dudas, nuestro cuarto hijo.

A mis hijas Nicole, Emilia y Amanda.

Con ustedes aprendí que el amor es la fuerza más poderosa del universo.

Siento en mis hombros la responsabilidad de que mi ejemplo las marque para siempre. Anhelo que sean mujeres libres y compasivas, que persigan sus sueños, pero que también sepan que la felicidad es un trabajo para toda la vida.

He logrado soltar. Tengo la certeza de que para ustedes verme completa, como lo estoy hoy, es la mejor enseñanza que les puedo dejar. Sé que ha habido un costo muy alto en tiempo, pero haber vivido esto todas juntas es algo que marcará nuestra relación para siempre.

Me encanta que piensen que estoy loca. Espero que hagamos

muchas más locuras como ésta juntas. Son todo para mí.

Eli, si no te tuviéramos a nuestro lado, jamás me hubiese atrevido. Has cuidado a mis hijas como si fuesen las propias, y para agradecer eso no hay palabras.

A las mujeres que me han inspirado.

A mi abuela Ester, la "Muma". Has sido mi compañera y la persona más incondicional en mi vida. Contigo confirmé todas mis hipótesis sobre la felicidad. Me enseñaste que lo material solo tiene sentido cuando se comparte. Que el reconocimiento no es lo que importa, sino la confianza de las personas. Que una conversación profunda vale más que un viaje de lujo. Que amar, muchas veces, es doloroso, pero que no vale la pena vivir de otra manera. Contigo comprendí verdaderamente lo que es la eudemonía.

A mi abuela Olgui, que en paz descanse. Tú sembraste la semilla en mí, y cuando te marchaste, la semilla siguió su curso natural. Eso hizo que nunca te dejara partir. Algo tuyo sigue en mí. Trascendiste en mí.

A mis padres.

Por darme la vida. Hoy me siento libre y puedo amarlos independientemente de lo que pase. Espero que al leer este libro me conozcan desde otro lugar, uno que nos les he sabido comunicar.

A mis hermanos Nicky y Jonathan.

Ambos fueron una inspiración para este libro. Cada uno representa una cara del éxito.

Nicky, admiro tu perseverancia. El mundo está esperando que pongas todos tus talentos al servicio de algo aún más grande. Me imagino que este libro te hará cuestionarte sobre muchas cosas que venías pensando, y espero pueda inspirarte a fijar tus nuevos objetivos.

Jonathan, tú sí que tienes un concepto de éxito que a los demás les cuesta comprender. De pronto fui capaz de verlo: has encontrado tu paz interior. Estaré eternamente agradecida porque hayas sido tú quien me acercó al poder de la consciencia. No escribí tu historia en este libro porque mereces uno entero. Extraño tu presencia física, pero me siento profundamente conectada contigo cada día de mi vida.

A mis suegros, Esther y Óscar.

Con ustedes todo fluye, porque solo saben entregar sin jamás pedir nada a cambio.

De ustedes aprendí que la vida que uno quiere se construye, y que tenemos el poder de decidir la familia que queremos formar.

A mi cuñada Andrea.

Que ha estado conmigo en cada minuto de este proceso con ese altruismo abnegado que la caracteriza.

A mis amigas del alma, mis "Yayas".

Si alguien ha sido testigo de mi cambio, han sido ustedes. Me escucharon y me contuvieron desde el comienzo. Me conocen mejor que nadie, porque nunca hemos temido a ser nosotras mismas cuando estamos juntas. A quienes dicen que las mujeres somos envidiosas y competitivas, es porque no han tenido la fortuna de conocer la verdadera amistad. Sin ustedes, nunca me hubiese atrevido: LyC.

A César, Francisco, Renzo y mi familia PwC.

La vida misma se encarga de ir poniendo a las personas que nos guían, nos entregan su sabiduría y confianza. Ustedes me han pavimentado el camino y lo han recorrido conmigo. Han hecho de PwC un hogar, y son parte de mi familia.

Un mensaje a todos los líderes: sepan que con sus acciones pueden cambiar las vidas de las personas que lideran.

Al gran equipo que ha hecho esto posible.

A mi editor y profesor de escritura Mauricio Electorat. Lograste encauzar mis emociones y ansiedad. Hemos alcanzado el resultado propuesto y mucho más: disfrutamos del proceso e hicimos de este ejercicio mi terapia durante el encierro del Covid-19.

A Joan Melé, por su generosidad y humildad al aceptar escribir el prólogo de mi libro.

Iván Armijo, gracias por ayudarme a validar estadísticamente mi tesis acerca del *telos*. Con tu trabajo logramos confirmar que este libro no se trata solo de una corazonada o mi experiencia personal, sino que es empíricamente cierto.

A Pablo Sepúlveda, mi amigo del alma y a quien le agradeceré siempre por haberme presentado el mundo del propósito. Siento que hemos escrito este libro juntos.

Todo mi cariño y admiración para Eli Rudnick y Andrés B., quienes han sido mis guías y mentores espirituales.

A Camila Salas y Carolina Faget por lograr transmitir mis emociones a través del diseño y a Silvia Herrera por el diseño interior del libro.

A Ángeles Quinteros, por haberse preocupado hasta el más mínimo detalle para que la edición final sea perfecta. A mi querida amiga Trinidad Vicuña por hacer la revisión final y mejorar muchas de las historias de este libro.

A Andrea Sierra por apoyarme con el relato para la difusión comercial.

A Alan Weschler, por apoyarme sin más, sólo por creer en mi causa.

A Mis Amigos Del Propósito

A todas estas personas que el propósito puso en camino y que a minutos de conocernos pareciera que nuestra amistad fuera de toda una vida. Ustedes me han confirmado que la Teoría Z de Maslow existe y me han llenado el alma de alegría durante todo este recorrido.

Joan Melé • **Coni Alveal** • Julia Arana • *Nacha Blanco*

Anna Bonan • Sam Cohen • **JUAN CARLOS CORVALÁN**

Dante Aguirre • *Pabla Flores* • Tomás Lawrence • Ignacio Loyola

Damián Gelerstein • **Miry Kuperman** • Vivi Giacaman

Armando Holzapfel • **Alfredo Zepeda** • Fabián Schiaffino

Patrick Humpreys • **HANS ROSENKRAZ** • J. Larenas • Delfina Lawson

Felipe León • Cata Littin • Rafa Rodríguez • Pato Mayr

María Eugenia López • Caro Contreras • **Josefa Monge**

Fran Egaña • **Nico Morales** • Kathy Muller • Matías Rojas

Jeannette V. W. • **Adolfo Numi** • Trini Vicuña • Pablo Sepúlveda

Nelson Rodríguez • **Juan Carlos Obrador** • Adiel Oros

Gonzalo Pérez • Juan Ignacio Pitta • **GUILLERMO CABALLERO**

Ale Pizarro • **Paulina Robles** • Rodrigo Saa • **Javier Sanfeliú**

Vero Torres • **Cristián Walker** • Evelyn Stevens

Oración judía de Rosh Hashaná

Homenaje al misterio de la vida que nos acoge, abraza y bendice.

Que tus despertares te despierten.
Y que al despertarte, el día que comienza te entusiasme.
Y que jamás se transformen en rutinarios los rayos del sol
que se filtran por tu ventana en cada nuevo amanecer.
Y que tengas la lucidez de concentrarte y de rescatar lo
más positivo de cada persona que se cruce en tu camino.
Y que no te olvides de saborear la comida, detenidamente,
aunque "solo" se trate de pan y agua.
Y que encuentres algún momento durante el día, aunque
sea corto y breve, para elevar tu mirada hacia lo Alto
y agradecer por el milagro de la salud, ese misterio y
fantástico equilibrio interno.
Y que logres expresar el amor que sientes por tus seres
queridos.
Y que tus brazos, abracen.
Y que tus besos, besen.
Y que los atardeceres te sorprendan, y que nunca dejen de
maravillarte.
Y que llegues cansado y satisfecho al anochecer por la
tarea satisfactoria realizada durante el día.
Y que tu sueño sea calmo, reparador y sin sobresaltos.
Y que no confundas tu trabajo con tu vida, ni tampoco el
valor de las cosas con su precio.
Y que no te creas más que nadie, porque solo los
ignorantes desconocen que no somos más que polvo y
ceniza.
Y que no te olvides, ni por un instante, que cada segundo
de vida es un regalo, un obsequio, y que, si fuésemos
realmente valientes, bailaríamos y cantaríamos de alegría
al tomar conciencia de ello.

CITAS

PRÓLOGO

1. www.sistemab.org y www.bcorporation.net.

Capítulo II: La felicidad

2. Baumeister, R. F.; Vohs, K. D.; Aaker, J. L. y Garbinsky, E. N. (2013). *"Some Key Differences Between a Happy Life and a Meaningful Life"*. The Journal of Positive Psychology 8(6), pag. 505-516. Recuperado de http://dx.doi.org/10.1080/17439760.2013.8307 64.

3. Sarva Siddhanta Sangraha of Sankaracarya, versos 9-12.

4. Waterman, A. S. (1984). *The Psychology of Individualism*. Praeger.

5. Huta, V. y Ryan, R. M. (2010). *"Pursuing Pleasure or Virtue: The differential and Overlapping Well-being Benefits of Hedonic and Eudaimonic Motives"*. Journal of Happiness Studies: An Interdisciplinary Forum on Subjective Well-Being 11(6), pag. 735-762. Recuperado de https://doi.org/10.1007/s10902-009-9171-4.

6. Ben-Shahar, T. (2007). *Happier: Learn the Secrets to Daily Joy and Lasting Fulfillment*. McGraw Hill.

7. Si bien se ha criticado al autor por no haber justificado científicamente su teoría, teorías más recientes, como las de la neurocientífica Britt Andreatta, han seguido una línea muy similar, clasificándolas en necesidades de supervivencia, de pertenencia y del ser.

8. Se ha señalado erróneamente que, para avanzar al nivel superior, la necesidad que la antecede debía estar totalmente satisfecha. Esto fue desmentido por Maslow en sus últimos estudios, señalando que se puede pasar a las necesidades superiores sin que la anterior esté completa, salvo para el caso de las básicas.

9. Goldstein, K. (2000). *The Organism*. Zone Books.

10. Maslow, A. H., Frager, R., Fadiman, J., McReynolds, C., y Cox, R. (1987). *Motivation and Personality*. Longman.

11. Ver Apéndice II con las referencias a distintos autores y sus definiciones de propósito.

12. Diener, E. (2000). *"Subjective well-being: The Science of Happiness and a Proposal for a National Index"*. American Psychologist 55, pag. 34-43.

13. Seligman, M. E. P. (2012). *Flourish: A Visionary New Understanding of Happiness and Well-being*. Atria Books. / Seligman, M. E. P. (2004). Authentic Happiness: Using the New Positive Psychology to Realize Your Potential for Lasting Fulfillment. Atria Books.

14. Ben-Shahar, T.; loco citato pag. 34.

15. Zak, P. (2017). *Trust Factor: The Science of Creating High-Performance Companies*. Amacom.

Capítulo III: ¿Ha destronado el dinero a la eudemonía?

16. Romano, L. (2010). Proceedings of the 6th International Congress of the Archaeology of the Ancient Near East, vol. 3. Otto Harrassowitz Verlag.

17. Ben-Shahar, T.; loco citato pag. 34.

18. Easterlin, R. A y Sawangfa, O. (2010): *"Happiness and Economic Growth: ¿Does the Cross Section Predict Time Trends? Evidence from Developing Countries"*, en Diener, E., Heliwell, J. F y Kahneman, D. (eds.), International Differences in Well-being. Oxford University Press. Recuperado de https://doi.org/10.1093/acprof:oso/9780199732739.003.0007.

19. Capponi, R. (2019). *Felicidad Sólida:sobre la construcción de una felicidad perdurable*. Zig Zag.

20. Recuperado de https://www.ted.com/talks/dan_gilbert_the_surprising_science_of_happiness?

21. "Ben-Shahar, T.; loco citato pag. 34.

22. Capponi, R; loco citato pag. 43.

23. Diener, E. y Seligman, M. E. P. (2004). *"Beyond Money: Toward an Economy of Well-Being"*. Psychological Science in the Public Interest 5(1), p. 1-31. Recuperado de https://doi.org/10.1111/j.0963-7214.2004.00501001.x.

24. Brickman, P., Coates, D. y Janoff-Bulman, R. (1978). *"Lottery Winners and Accident Victims: Is Happiness relative?"*. Journal of Personality and Social Psychology 36(8), pag. 917-927. https://doi.org/10.1037/0022-3514.36.8.917.

25. Recuperado de https://www.annualreviews.org/doi/pdf/10.1146/annurev-psych-122414-033344.

26. Kasser, T., Ryan, R. M., Couchman, C. E. y Sheldon, K. M. (2004). *"Materialistic Values: Their Causes and Consequences"*, en T. Kasser y A. D. Kanner (eds.). Psychology and Consumer Culture: The Struggle for a Good Life in a Materialistic World. American Psychological Association. https://doi.org/10.1037/10658-002.

27. Ben-Shahar, T.; loco citato pag. 34.

28. Tolle E. (2005). *Una nueva tierra: un despertar al propósito de su vida*. Namaste Publishing.

29. Caprariello, P. A. y Reis, H. T. (2013). *"To Do, to Have, or to Share? Valuing Experiences Over Material Possessions Depends on the Involvement of Others"*. Journal of Personality and Social Psychology 104(2), p. 199-215. / Dunn, E. W., Aknin, L. B. y Norton, M. I. (2008). "Spending Money on Others Promotes Happiness". Science 319, pag. 1687–1688.

30. Campaña filantrópica iniciada en junio de 2010 por los multimillonarios estadounidenses Warren Buffett y Bill Gates. La página web oficial comienza con: "Es un esfuerzo para invitar a las personas y familias más adineradas de América a que se comprometan a donar la mayor parte de su fortuna con fines filantrópicos. www.givingpledge.org/.

Capítulo IV: Vacío existencial

31. Viktor Frankl es, para muchos, el "padre del propósito". Fue el primero en crear una teoría en torno a este concepto en el mundo

occidental moderno, lo que lo llevó a desarrollar su propia corriente de psicología basada en el sentido o propósito de la vida, asociada a una forma de terapia específica: la logoterapia. Esta corriente parte de la premisa de que los hombres no solo buscan el placer —como postula Freud— o el poder —como postula Adler— sino también, y más importante que todas, una necesidad de "sentido de la vida".

32. Frankl, V. (1999). *El hombre en busca de sentido*. Paidós.

33. Andresen, J. J. (1999). *"Awe and the Transforming of Awarenesses"*. Contemporary Psychoanalysis 35, pag. 507-521. / Freud S. (1926) A Romain Rolland. O.C. de Sigmund Freud. Biblioteca Nueva.

34. Este sentimiento de unidad con todo aquello que existe, se ha explicado con distintos nombres: inteligencia universal, consciencia colectiva, consciencia planetaria, espíritu, Dios, uno, todo, propósito superior.

35. Fromm, E. (2006). *The Art of Loving*. Harper Perennial Modern Classics.

36. Bronk, K. C. (2011). The Role of Purpose in Life in Healthy Identity Formation: A Grounded Model. New Directions for Youth Development 132, pag. 31–44. https://doi.org/10.1002/yd.426 / Burrow, A. L. y Hill, P. L. (2011). "Purpose as a Form of Identity Capital for Positive Youth Adjustment". Developmental Psychology, 47(4), pag. 1196-1206. https://doi.org/10.1037/a0023818. / Hill, P. L., Sumner, R. Y Burrow, A. L. (2014) "Understanding the Pathways to Purpose: Examining Personality and Well-being Correlates Across Adulthood". The Journal of Positive Psychology 9:3, pag. 227-234. / Damon, W. (2008). *The Path to Purpose: Helping Our Children Find Their Calling in Life*. Free Press / Bloom, B. S. (1985). *Developing in Talent in Young People*. Ballantine Books.

37. Arnett, J. J. (2000). *Optimistic Bias in Adolescent and Adult Smokers and Nonsmokers*. Addictive Behaviors 25(4), pag. 625–632. https://doi.org/10.1016/s0306-4603(99)00072-6.

38. Bronk, K. C. (2011). *A Grounded Theory of the Development of Noble Youth Purpose*. Journal of Adolescent Research 27(1), pag. 78–109.

39. Erikson, E. H. (1968). *Identity: Youth and Crisis*. W.W. Norton.

40. Baumeister, R. (1992). *Meaning in Life*. The Guilford Press.

41. Fromm, E.; loco citato pag. 46.

42. Bronk, K. C. et al. (2010). *"The Prevalence of a Purpose in Life Among High Ability Adolescents"*. High Ability Studies 21 (2), pag. 133-145. / Damon, W. loco citato p. 57 / Francis L. J. (2000). "The Relationship Between Bible Reading and Purpose in Life Among 13- to-15- Years Old". Mental Health, Religion, and Culture 3, pag. 27-36. / Moran, S. (2009). *"Purpose: Giftedness in Intrapersonal Intelligence"*. High Studies 20(2), pag. 143-159.

43. Bronk, K. C. (2014). Purpose in Life. Springer. / Bronk, K. C. (2013). *Purpose in Life: A Critical Component of Optimal Youth Development*. Springer Science & Business Media. pag. 55.

44. Bronk, K. C. et al. (2010). *"The Prevalence of a Purpose in Life Among High Ability Adolescents"*. High Ability Studies 21 (2), pag. 133-145. / Damon, W. The Path to Purpose. Free Press/ Francis L. J. (2000). *"The Relationship Between Bible Reading and Purpose in Life Among 13- to-15- Years Old"*. Mental Health, Religion, and Culture 3, pag. 27-36. / Moran, S. (2009).

45. 2019 Workforce Purpose Index - Pathways to Fulfillment at Work. Recuperado de https://www.imperative.com. Fundada en 2014, Imperative es una plataforma de transformación de la cultura organizacional que sitúa al propósito en el centro de su estrategia, y ha realizado diversos estudios en torno al tema.

46. Gran parte de los estudios sobre el tema se han centrado en potenciar las experiencias significativas en los jóvenes, pues se ha demostrado que las experiencias de este tipo (voluntariado, educación religiosa, vida comunitaria, labores domésticas, etc.) promueven una formación saludable de la identidad que facilita la transición a la adultez y que depende mayoritariamente del entorno el que los jóvenes desarrollen este sentido de propósito en esta etapa de la vida.

47. Bronson, P. (2002). *What Should I Do with My Life?* Random House.

Capítulo V: El inicio de un camino

48. Kashdan, T. B. y McKnight, P. E. (2009). *"Origins of Purpose in Life: Refining Our Understanding of a Life Well Lived"*. Psychological Topics 18, pag. 303-316. / Steger, M. F., Kashdan, T. B., Sullivan, B. A. y Lorentz, D. (2008). *"Understanding the Search for Meaning in Life: Personality, Cognitive Style, and the Dynamic Between Seeking and Experiencing Meaning"*. Journal of Personality 76(2), pag. 199-228. / Kashdan, T. B. y Steger, M. F. (2007). *"Curiosity and Pathways to Bell-being and Meaning in Life: Traits, States, and Everyday Behaviors"*. Motivation and Emotion 31, pag. 159-173.

49. May, P. (2019). *De la tierra al alma: el camino humano al despertar de la conciencia espiritual*. Urano.

50. La Comunidad Organizaciones Solidarias, más conocida como "COS" es un espacio de encuentro, colaboración y articulación de organizaciones de la sociedad civil que trabajan al servicio de personas en situación de pobreza y/o exclusión social en Chile. Reúne a más de doscientas organizaciones que congregan a más de once mil trabajadores y diecisiete mil voluntarios que, en su conjunto, colaboran con más de novecientos mil usuarios. Su página web es http://comunidad-org.cl/

51. Fundación Nuestros Hijos: http://www.fnh.cl/

52. Oprah Winfrey es una periodista, presentadora de televisión, productora, actriz, empresaria, filántropa y crítica de libros estadounidense, nacida en 1954. Varias veces ganadora del Premio Emmy por su programa The Oprah Winfrey Show, el más visto en la historia de la televisión. También se la reconoce como la mujer afroamericana más rica y la comunicadora más influyente de Estados Unidos.

53. Es la raíz de la palabra teleología, término que significa el estudio o doctrina de la finalidad o intencionalidad, o el estudio de los objetos por sus objetivos, propósitos o intenciones. La teleología es un concepto central para Aristóteles en la biología y en su teoría de la causación.

Capítulo VI: El camino de propósito

54. Fromm. E.; loco citato pag. 55.

55. Baumeister, R. F.; loco citato pag. 57.

56. Sokolowski, R. (2013). *Fenomenología de la persona humana.* Ediciones Sígueme.

57. Nuestra intención no es equivalente a nuestros deseos, sin perjuicio de que puedan muchas veces coincidir. Los deseos son más bien impulsos que buscan acercarse al placer y alejarse del dolor, y que pueden versar sobre cosas imposibles que dependen de las circunstancias o de los demás; a diferencia de la intención, que se fundamenta en lo que es bueno y alcanzable por nosotros mismos. Aristóteles Moral a Nicómaco. Libro tercero, capítulo V. Madrid, 1987.

58. Hofmann, W. y Wilson, T. D. (2010). *"Consciousness, Introspection, and the Adaptive Unconsciousness."* En B. Gawronski y B. K. Payne (eds.). *Handbook of Implicit Social Cognition: Measurement, Theory, and Applications.* Guilford Press. / Kahneman, D. (2011). *Thinking, Fast and Slow.* Farrar, Straus and Giroux.

59. Wilson, T. D. y Gilbert, D. T. (2005). *"Affective Forecasting: Knowing What to Want".* Current Directions in Psychological Science 14, pag. 131-134.

60. Ryan, R. M., Sheldon, K. M., Kasser, T. y Deci, E. L. (1996). *"All Goals are Not Created Equal: The Relation of Goal Content and Regulatory Styles to Mental Health".* En Bargh, J. A. y Gollwitzer, P. M. (eds.). *The Psychology of Action: Linking Cognition and Motivation to Behavior.* Guilford Press.

61. George, L. K. (2000). *"Well-being and Sense of Self: What We Know, What We Need to Know".* En Schaie, K.W. y Hendricks, J. (eds.). *The Evolution of the Aging Self.* Springer.

62. Aristóteles, al hablar de amistad, se refiere a todo tipo de relaciones basadas en un amor no romántico.

63. Grant. A (abril 2013). *"In the Company of Givers and Takers".* Harvard Busssines Review 91(4):90-7, pag. 142.

64. Zak, P. (2017). *Trust Factor: The Science of Creating High-Performance Companies*. Amacom.

65. Vallacher, R. R. y Wegner, D. M. (1987). *"What do People Think They're Doing? Action Identification and Human Behavior"*. Psychological Review 94(1), pag. 3–15. https://doi.org/10.1037/0033-295x.94.1.3.

66. Wrzesniewski, A., McCauley, C., Rozin, P. y Schwartz, B. (1997). *"Jobs, Careers, and Callings: People's Relations to Their Work"*. Journal of Research in Personality 31(1), pag. 21–33. https://doi.org/10.1006/jrpe.1997.2162.

67. Manson, M. (2016). *The Subtle Art of Not Giving a F*ck: A Counterintuitive Approach to Living a Good Life*. Harper.

Capítulo VII: ¿Quién soy? Autenticidad y pasión

68. Hernández de la Fuente, D. (2008). *Oráculos griegos*. Alianza. / Plutarco (1995). *Obras morales y de costumbres VI*. Gredos.

69. Carver, C. S. y Scheier, M. F. (2002). *"Optimism"*. En Snyder, C. R. y López, S. J. (eds.). *Handbook of Positive Psychology*. Oxford University Press.

70. Tolle, E.; loco citato pag. 47.

71. Chopra, D (2012). *Spiritual Solutions*. Harmony Books.

72 . Tolle, E.; loco citato pag. 47.

73. Enric Corbera Institute, Corbera, E., Corbera, D., Batlló, M., Villalobos, V., Aguilar, C.,y Nuñez, P. (2017). *Bioneuroemoción: Un método para el bienestar emocional*. Ediciones El Grano de Mostaza.

74. Nussbaum, M. C. (2009). *The Therapy of Desire: Theory and Practice in Hellenistic Ethics*. Princeton University Press.

75. Marías, J. (1993). *Mapa del mundo personal*. Alianza.

76. Ware, B. (2019). *Top Five Regrets of the Dying: A Life Transformed by the Dearly Departing*. Hay House Inc.

77. Entrevista personal con Ely Rudnick 20 de mayo de 2020.

78. https://www.burntogive.com/about. Al 1 de junio de 2020.

79. El cuarto elemento del ikigai, la contribución al mundo, lo trataremos al hablar del elemento de la trascendencia.

80. Vallerand, R. J., et al. (2203). *"Les passions de Láme: On obsessive and harmonious passion"*. Journal of Personality and Social Psychology, 85 (4), pag. 756-767.

81. Andreatta, B. (2018). *Wired to Connect: The Brain Science of Teams and a New Model for Creating Collaboration and Inclusion.* 7th Mind Publishing; Study PwC. Making Work More Meaningful: Building a Fulfilling Employee Experience. https://www.pwc.com/us/en/library/workforce-of-the-future/fulfillment-at-work.html.

82. Bronk, K. C.; loco citato pag. 58.

83. Bronk, K. C. (2011). *A Grounded Theory of the Development of Noble Youth Purpose.* Journal of Adolescent Research, 27(1), pag. 78–109. / Damon, W. (2008). *The Path to Purpose: Helping Our Children Find Their Calling in Life.* Free Press.

84. Grant, A. (2014). *Give and Take: Why Helping Others Drives Our Success.* Penguin Books.

85. Fromm. E.; loco citato pag. 55.

86. Niemiec, R. M., y McGrath, R. E. (2019). *The Power of Character Strengths: Appreciate and Ignite Your Positive Personality.* VIA Institute on Character.

87. Clifton, D. O., Anderson, E. C. y Schreiner, L. A. (2016). *Strengths Quest: Discover and Develop Your Strengths in Academics, Career, and Beyond.* Gallup Press.

88. Clifton, D. O., Anderson, E. C. y Schreiner, L. A.; loco citato p. 124.

89. Csíkszentmihályi, M. (2008). *Flow: The Psychology of Optimal Experience.* Harper Perennial Modern Classics.

90. Término acuñado por mi querido amigo, Pablo Sepúlveda

91. Duckworth, A. (2018). *Grit: The Power of Passion and Perseverance.* Scribner.

92. www.interpreta.org.

93. Tips de Ely Rudnick entrevista personal 20 de mayo 2020.

Capítulo VIII: Mi lugar en el mundo, Sentido de la vida y trascendencia

94. Reker, G. T. y Peacock, E. J. (1981). *The Life Attitude Profile (LAP): A Multidimensional Instrument for Assessing Attitudes Toward Life.* Canadian Journal of Behavioural Science/Revue Canadienne Des Sciences Du Comportement 13(3), pag. 264–273.

95. Heintzelman, S. J. y King, L. A. (2014). *"(The Feeling of) Meaning-as-Information".* Personality and Social Psychology Review 18(2), pag. 153-67. / Hicks, J. A., Cicero, D. C., Trent, J., Burton, C. M. y King, L. A. (2010). *"Positive Affect, Intuition, and the Feeling of Meaning".* Journal of Personality and Social Psychology 98, pag. 967-979.

96. Steger, M. F., Frazier, P., Oishi, S., y Kaler, M. (2006). *"The Meaning in Life Questionnaire: Assessing the Presence of and Search for Meaning in Life".* Journal of Counseling Psychology 53, pag. 80–93.

97. Steger, M.F. (2012). *"Experiencing Meaning in Life: Optimal Functioning at the Nexus of Spirituality, Psychopathology, and Wellbeing",* en Wong, P. T. P. y Fry, P. S. (eds.). *The human Quest for Meaning.* Routledge.

98. Csíkszentmihályi, M. op. citato pag. 127.

99. Harari, Y. N. (2019). *21 Lessons for the 21st Century.* Random House.

100. Steger, M. F., Frazier, P., Oishi, S. y Kaler, M.; loco citato p. 139.

101. Antonovsky, A. (1991). *"The Structural Resources of Salutogenic*

Strengths", en Cooper, C. L. y Payne, R. (eds.). *Personality and Stress: Individual Differences in the Stress Process*. L. Wiley.

102. Stefanetti, C. "El Ángel del gueto de Varsovia' candidata al Nobel de la Paz". http://www.elaguilablanca.com/glospolski/ glospolski-nota0011.html.

103. Utilizaremos la pirámide de Maslow. En relación a las necesidades más básicas, aquellas vinculadas a la supervivencia, no se consideran dentro de las fuentes de sentido, pues estamos biológicamente dispuestos a ellas y por eso mismo, no hace falta hacer sentido de estas necesidades para querer satisfacerlas. Buscamos alimento simplemente porque es elemental para subsistir. La neurociencia ha logrado demostrar cómo ciertas sustancias químicas, como la dopamina y las endorfinas, nos recompensan cuando nos inclinamos hacia esas conductas esenciales para nuestra sobrevivencia. Ver Tabla N° 1 para más detalle sobre la opinión de distintos autores sobre las fuentes de sentido.

104. Andreatta, B. (2018). *Wired to connect: The Brain Science of Teams*. 7th Mind Publishing.

105. Manson, M. op citato pag. 86.

106. Madanes, C. (2009). *Relationship Breakthrough: How to create outstanding relationship in every area of your life*. Rodale.

107. Madanes, C.; loco citato pag. 158.

108. Wong, P. T. P., Wong, L. C. J. y McDonald, M. J. (2012). *The Positive Psychology of Meaning and Spirituality: Selected Papers from Meaning Conferences*. Purpose Research.

109. Frankl, V. E. (2014). *The Will to Meaning: Foundations and Applications of Logotherapy*. Plume.

110. También se dio cuenta de que algunos de ellos, si bien no habían trascendido a sus propios intereses, vivían una vida tranquila haciendo buen uso de sus capacidades. A este grupo los llamó "personas saludables". James, W. (1902). The Varieties of Religious Experience. Harvard University Press.

111. Maslow, A. H. (1994). *Religions, Values, and Peak-Experiences (Compass)*. Penguin Books.

112. Maslow, A. H., Maslow, B. G. y Geiger, H. (1993). *The Farther Reaches of Human Nature*. Penguin / Arkana.

113. Bronk, K. C., Holmes Finch, W. y Talib, T. L. (2010). *"Purpose in Life Among High Ability Adolescents"*. High Ability Studies 21(2), pag. 133–145. https://doi.org/10.1080/13598139.2010.525339. / Mariano, J. M. y Vaillant, G. E. (2012). *"Youth Purpose Among the 'Greatest Generation'"*. The Journal of Positive Psychology 7(4), pag. 281–293. https://doi.org/10.1080/17439760.2012.686624. / Duckworth, A.; loco citato p. 107

114. Madanes, C., y Robbins, A. (2009). *Relationship Breakthrough: How to Create Outstanding Relationship in Every Area of Your Life*. Rodale Books

115. McCullough, M. E. y Snyder, C. R. (2000). *"Classical Source of Human Strength: Revisiting an Old Home and Building a New One"*. Journal of Social and Clinical Psychology 19(1), pag. 1–10. https://doi.org/10.1521/jscp.2000.19.1.1.

116. https://brenebrown.com/definitions/.

117. Feather, N. T. (1992). *"Values, Valences, Expectations, and Actions"*. Journal of Social Issues 48, pag. 109-124.

118. Shalom Schwartz ha derivado diez valores genéricos, básicos y universales, de la condición humana, pero hace la prevención de que es muy probable que el peso otorgado a cada uno de ellos difiera en las diversas culturas. Schwartz, S. H. (1992). *"Universals in the Content and Structure of Values: Theory and Empirical Tests in 20 Countries"*, en M. Zanna (ed.). *Advances in Experimental Social Psychology (Vol. 25)*. Academic Press.

119. Damon, W.; loc. citato p. 48. / Damon, W. (2003). *Noble Purpose: Joy of Living a Meaningful Life*. Templeton Foundation Press. / Damon, W., Menon, J. y Bronk, K. C. (2003). *"The Development of Purpose During Adolescence"*. Applied Developmental Science. doi:10.1207/S1532480XADS0703_2

120. Basaron su selección en los criterios establecidos por Anne Colby y William Damon. Colby, A., y Damon, W. (1994). *Some Do Care: Contemporary Lives of Moral Commitment*. Free Press.

121. Frimer, J A., Walker, L. J., Dunlop, W. L., Lee, B. H. y Riches, A. (2011). *"The Integration of Agency and Communion in Moral Personality: Evidence of Enlightened Self-interest"*. Journal of Personality and Social Psychology 101 (1), pag. 149-163.

122. Hood, R. W., Jr., Hill, P. C. y Spilka, B. (2009). *Psychology of Religion: An Empirical Approach*. Guilford Press.

123. Este gráfico ha sido adaptado de Yaden et al. (2017) por Scott Barry Kaufman en su libro Transcend, y fue, a su vez, adaptado para este libro. Sugiere una escala de experiencias trascendentales con niveles de conexión con el mundo.

124. Kaufman, S. B. (2020). *Transcend: The New Science of Self-Actualization*. Tarcher Perigee. / Yaden, D. B., Haidt, J., Hood, R. W., Vago, D. R. y Newberg, A. B. (1° de mayo de 2017). *"The Varieties of Self-Transcendent Experience"*. Review of General Psychology. Advance online publication. http://dx.doi.org/10.1037/gpr0000102.

125. Estas experiencias trascendentales comprenden dos elementos: a) uno aniquilatorio, que se refiere tanto a la disolución del sentido corporal del yo, acompañado de la reducción de sus límites y de la autosuficiencia; y b) un componente relacional, que se refiere al sentido de conexión, incluso al punto de la fusión con algo más allá del yo, generalmente con otras personas y aspectos del propio entorno. Ambos componentes pueden darse en diversos grados y, aunque sigue siendo una cuestión abierta a la investigación, estos aspectos pueden variar de manera correlativa o independiente el uno del otro.

126. Kaufman, S. B., loco citato p. 147.

127. Miller, W. R. y C'de Baca, J. (2001). *Quantum Change: When Epiphanies and Sudden Insights Transform Ordinary Lives*. Guilford Press.

128. www.inmi.cl

129. Grant, A.; loco citato pag. 169.

130. *Two Great Forces of Human Nature: Bill Gates, "Creative Capitalism,"* World Economic Forum, 24 de enero de 2008.

131. Bakan, D. (1966). *The Duality of Human Existence: Isolation and Communion in Western Man.* Bacon Press.

132. Kaufman, B. S.; loco citato pag. 169.

Capítulo X: Motivación, la mejor señal de que vas bien encaminado

133. Deci, E. L. y Ryan, R.M. (1985). *Intrinsic Motivation and Self-Determination in Human Behavior. Perspectives in Social Psychology.* Springer.

134. Desafíos óptimos entendidos como el nivel más elevado de funcionamiento, especialmente en nuestras relaciones, trabajo, educación y sensación de bienestar. https://dictionary.apa.org/optimal-functioning.

135. Deci, E. L. y Ryan, R. M. (2000). *"The `What´ and `Why´ of Goal Pursuits: Human Needs and the Self-Determination of Behavior".* Psychological Inquiry 11, pag. 227-268. / Sheldon, K. M. (2004). Optimal Human Being: An Integrated Multilevel Perspective. Lawrence Erlbaum. / Sheldon, K. M. (2011). *"Integrating Behavioral-motive and Experiential-requirement Perspectives on Psychological Needs: A two Process Perspective".* Psychological Review 118, pag. 552-569. / Gardner, H. (2006). Multiple Intelligences: New Horizons in Theory and Practice. Basic Books. / Duckworth, A.; loco citato p. 107 / Vallerand, R. J., et al. (2203). *"Les passions de Láme: On obsessive and harmonious passion".* Journal of Personality and Social Psychology 85 (4), pag. 756-767. / Sheldon, K. M. y Kasser, T. (1995). *"Coherence and Congruence: Two Aspects of Personality Integration".* Journal of Personality and Social Psychology 68, pag. 531-543.

136. Ambrose, M. L. y Kulik, C. T. (1999). *"Old Friends, New Faces: Motivation Research in the 1990´s".* Journal of Management 25(3), p. 231–292. https://doi.org/10.1177/014920639902500302.

137. Amabile, T. M. (1997). *"Motivating Creativity in Organizations: On Doing What You Love and Loving What You*

Do". California Management Review 40(1), pag. 39–58. https://doi.org/10.2307/41165921.

138. Tolle, E.; loco citato pag. 47.

139. Crumbaugh, J. C. (1977). *"The Seeking of Noetic Goals Test (SONG): A Complementary Scale to the Purpose in Life Test (PIL)"*. Journal of Clinical Psychology 33, pag. 900-907. http://dx.doi.org/10.1002/1097-4679(197707)33:3<900::AID-JCLP2270330362>3.0.CO;2-8.

140. Capponi, R.; loco citato pag. 43.

141. Sheldon, K. M.; loco citato p. 154. / Sheldon, K. M. (2009). *"Goal-striving Across the Life-span: Do People Learn to Select More Self-concordant Goals as They Age?"*, en M. C., Smith y T. G., Reio (eds.). The Handbook of Research on Adult Development and Learning. Routledge. / Sheldon, K. M. y Elliot, A. J. (1999). *"Goal Striving, Need-satisfaction, and Longitudinal Well-being: The Self-concordance Model"*. Journal of Personality and Social Psychology 76, pag. 482-497.

142. Sheldon, K. M. (2014). *"Becoming Oneself"*. Personality and Social Psychology Review 18(4), pag. 349–365. https://doi.org/10.1177/1088868314538549. / Epstein, S. (2014). *Cognitive-experiential Theory: An Integrative Theory of Personality*. Oxford University Press. www.viacharacter.org/research/findings.

143. Kahneman, D. y Fredrick, S. (2005). *"A Model of Heuristic Judgment"*, en Holyoak, K. J. y Morrison, R. G. (eds.). The Cambridge Handbook of Thinking and Reasoning. Cambridge University Press. / Stanovich, K. E. y West, R. F. (2000). *"Individual Difference in Reasoning: Implications for the Rationality Debate?"*. Behavioral & Brain Sciences 23, pag. 645-726.

144. Gawronski, B. y Bodenhausen, G. V. (2012). *"Self-insight From a Dual-process Perspective"*, en Vazire, S. y Wilson, T. D. (eds.). *Handbook of Self-knowledge* (pag. 22-38). Guilford Press.

145. Una de las explicaciones del inconsciente yace en la idea de que el cerebro cognitivo controla la capacidad de atemperar las reacciones emocionales. Esta capacidad, por un lado, es positiva, pues evita problemas de tipo relacional al permitirnos regular y controlar los

impulsos pero, al reprimirlas, pasan al inconsciente y quedan a la espera de aflorar en una ocasión más conveniente. Si esta ocasión no se da, se genera una incoherencia interna. Esta, a su vez, provoca un estrés sostenido en el tiempo que nos genera otro tipo de problemas. Institute, Enric Corbera, Corbera, E., Corbera, D., Batlló, M., Villalobos, V., Aguilar, C. y Nuñez, P. (2017). *Bioneuroemoción: Un método para el bienestar emocional.* Ediciones El Grano de Mostaza.

146. Sheldon, K. M.; loco citato pag. 186.

147. Sheldon, K. M. y Elliot, A. J. (1998). *"Not All Personal Goals are Personal: Comparing Autonomous and Controlled Reasons as Predictors of Effort and Attainment".* Personality and Social Psychology Bulletin 24, pag. 546-557. / Sheldon, K. M. y Kasser, T. (1998). *"Pursuing Personal Goals: Skills Enable Progress, But Not All Progress is Beneficial".* Personality and Social Psychology Bulletin 24, pag. 1319-1331.

148. Burton, C. M. (2008). *"Gut Feelings and Goal Pursuit: A Path to Selfconcordance".* Dissertation Abstracts International: Section B. Sciences and Engineering 73(2-B), pag. 1303-1387.

149. Sheldon, K. M. y Krieger, L. (2004). *"Does Law School Undermine Law Students? Examining Changes in Goals, Values, and Wellbeing".* Behavioral Sciences & the Law 22, pag. 261-286.

150. Parker, S. K., Bindl, U. K. y Strauss, K. (2010). *"Making Things Happen: A Model of Proactive Motivation".* Journal of Management 36, p. 827-856. / Greguras, G. J. y Diefendorff, J. M. (2010). *"Why Does Proactive Personality redict Employee Life Satisfaction and Work Behaviors? A Field Investigation of the Mediating Role of the Selfconcordance Model".* Personnel Psychology 63, pag. 539-560. / Bateman, T. S. y Crant, J. M. (1993). *"The Proactive Component of Organizational Behavior: A Measure and Correlates".* Journal of Organizational Behavior 14, pag. 103-118.

151. Judge, J. A., Bono, J. E., Erez, A. y Locke, E. A. (2005). *"Core Self-evaluations and Job and Life Satisfaction: The Role of Selfconcordance and Goal Attainment".* Journal of Applied Psychology 90, pag. 257-268.

Capítulo XI: Spoiler alert: El propósito no era lo que yo creía

152. Suma teológica, I-II, q. 26 art.4.

153. Quatre-vingt-un-chapitres sur l'esprit et les passions, V, 4, *Bibl. de la Pléiade, Les passions et la sagesse*, pág. 1199.

154. Basado en los libros de Miguel Ruiz: *Los cuatro acuerdos y La maestría del amor*. Editorial Amber-Allen Publishing.

155. Fromm, E.; loco citato pag. 55.

156. Comte-Sponville, A.; Corral, C. B. y Corral, C. M. (2014b). *Pequeño tratado de las grandes virtudes*. Paidós.

157. Kant, I. (1797). Doctrina de la virtud, introducción, XII, c.

158. Fromm, E.; loco citato pag. 55.

159. Sartre, J. P. (1905-1980). *El ser y la nada. Ensayo de ontología fenomenológica*. Editorial Losada.

160. Chopra, D. (1994). *The Seven Spiritual Laws of Success: A Practical Guide to the Fulfillment of Your Dreams*. New World Library / Amber-Allen Publishing.

161. Manson, M.; loco citato pag. 86.

162. El libro *Have You Filled Your Bucket Today?*, de la autora Carol McCloud, se publicó por primera vez en 2006 para enseñar a las niñas y niños pequeños cómo, cuando te preocupas por los demás y muestras amor con lo que dices y haces, eres más feliz. Desde entonces, se ha extendido por todo el mundo para ayudar a millones de personas de todas las edades a tener una vida más plena. La cubeta, que es invisible a la vista, representa la salud mental y emocional.

Apéndice I: Ikigai y Golden Circle

163. García, H. y Miralles, F. (2017). *Ikigai: The Japanese Secret to a Long and Happy Life*. Penguin.

164. En el estudio también figuran la isla de Cerdeña (Italia), Loma Linda (California, Estados Unidos), Nicoya (Costa Rica) y la isla de Icaria (Grecia). Buettner, D. (2005, noviembre). *"Longevity, The*

Secrets of Long Life". National Geographic Magazine.

165. Este concepto es muy importante al momento de diferenciar nuestro propósito de nuestras aficiones y del voluntariado.

166. La literatura disponible no ofrece el análisis de la combinación entre 1) En lo que eres bueno y lo que el mundo necesita; y 2) Lo que amas y por lo que te pueden pagar.

167. Un esquema muy similar llamado The Hedgehog fue desarrollado por Jim Collins en su libro *Good to Great* (2009). Consta de tres elementos: aquello que te apasiona, aquello en lo que eres el mejor en el mundo, y aquello que te motiva económicamente.

168. Esta última conclusión es de la autora, no parte de la filosofía del ikigai.

169. Sinek, S. (2011). *Start with Why: How Great Leaders Inspire Everyone to Take Action*. Portfolio. / Sinek, S. (2017). *Leaders Eat Last: Why Some Teams Pull Together and Others Don't*. Portfolio.

170. *Journal of Personality and Social Psychology 57*(6), pag. 1069-1081.

171. *Psychological Topics 18*(2), George Mason University, pag. 303-316.

172. *Journal of Management, Spirituality & Religion 8*(4), pag. 281-297.

Apéndice III: Teoría Z de Abraham Maslow

173. *Psychiatry 36*(4), pag. 409–427. https://doi.org/10.1080/00332 747.1973.11023774

174. *Journal of Gerontology 42*(1), pag. 44–49. https://doi. org/10.1093/geronj/42.1.44

175. *Journal of Clinical Psychology 20*(2), pag. 200-207.

176. *The Journal of Positive Psychology 8*(5), pag. 365–375.

177. Maslow, A. H.; loco citato pag. 160.

Apéndice IV: Niveles de trascendencia

178. Davidson, R. J., Kabat-Zinn, J., Schumacher, J., Rosenkranz, M., Muller, D., Santorelli, S. F., . . . Sheridan, J. F. (2003). *"Alterations in Brain and Immune Function Produced by Mindfulness Meditation"*. Psychosomatic Medicine 65, p. 564–570. http://dx.doi.org/10.1097/01.PSY.0000077505.67574.E3. / Jha, A. P., Krompinger, J. y Baime, M. J. (2007). *"Mindfulness Training Modifies Subsystems of Attention"*. Cognitive, Affective & Behavioral Neuroscience 7, pag. 109–119. http://dx.doi.org/10.3758/CABN.7.2.109. / Kabat-Zinn, J. (1994). *Wherever You Go, There You Are: Mindfulness Meditation in Everyday Life*. Hyperion.

179. Emmons, R. (2008). *Thanks!: How Practicing Gratitude Can Make You Happier*. Mariner Books.

180. Rudd, M., Vohs, K. D. y Aaker, J. (2012). *"Awe Expands People's Perception of Time, Alters Decision Making, and Enhances Well-being"*. Psychological Science 23, pag. 1130 –1136. http://dx.doi.org/10.1177/ 0956797612438731.

181. Keltner, D. y Haidt, J. (2003). *"Approaching Awe, a Moral, Spiritual, and Aesthetic Emotion"*. Cognition and Emotion 17, pag. 297–314. http://dx.doi.org/10.1080/02699930302297.

182. Yaden, D. B., Iwry, J., Slack, K. J., Eichstaedt, J. C., Zhao, Y., Vaillant, G. E. y Newberg, A. B. (2016a). *"The Overview Effect: Awe and Self-transcendent Experience in Space Flight"*. Psychology of Consciousness: Theory, Research, and Practice 3, pag. 1–11. http://dx.doi.org/10.1037/cns0000086.

183. Belzak, W. C. M., Thrash, T. M., Sim, Y. Y. y Wadsworth, L. M. (2017). *"Beyond Hedonic and Eudaimonic Well-Being: Inspiration and the Self-Transcendence Tradition"*. The Happy Mind: Cognitive Contributions to Well-Being, pag. 117–138. https://doi.org/10.1007/978-3-319-58763-9_7

184. Thrash, T. M. y Elliot, A. J. (2003). *"Inspiration as a Psychological Construct"*. Journal of Personality and Social Psychology 84(4), pag. 871–889. https://doi.org/10.1037/0022-3514.84.4.871

185. Buechner, F. (1973). *Wishful Thinking: A Theological ABC.* Harper.

186. Erikson, E. y Erikson, J. (1981). *"On Generativity and Identity: From a Conversation with Erik and Joan Erikson".* Harvard Educational Review 51(2), pag. 249–269. https://doi.org/10.17763/haer.51.2.g211757u27732p67

187. Maslow, A. H.; loco citato pag. 160.

188. Kaufman, S.B.; loco citato pag. 169.

189. Keyes, C. L. M. y Haidt, J. (eds.). *Flourishing: Positive Psychology and the Life Well-lived.* American Psychological Association, pag. 105–128. https://doi.org/10.1037/10594-005.

190. Klinger, E. (1998). *The Human Quest for Meaning: A Handbook of Psychological Research and Clinical Applications,* Lawrence Erlbaum Associates Publishers. pag. 27–50.

191. *Psychological Reports* 49(1), pag. 87–90. https://doi.org/10.2466/pr0.1981.49.1.87.

192. Bronk, K. C.; loco citato p. 48. pag 58.

193. Psychological inquiry 9(1), pag. 1-28.

194. Educational Gerontology 30(9), pag. 751–766.

Glosario:

195. Es distinto a la "conciencia", que se refiere al conocimiento moral de lo que está bien y lo que está mal.

Editor: Mauricio Electorat.
Diseño y diagramación: Carolina Faget, Camila Salas, Silvia Herrera.

Impresión: Ograma Impresores.

Primera edición de 1000 ejemplares, mayo de 2021.

ISBN 978-956-404-029-5

© Inscripción en el Registro de Propiedad Intelectual
No. 2021-A-3669

Este libro fue impreso con papeles con certificación PEFC, programa de reconocimiento de Sistema de Certificación Forestal, entidad no gubernamental, independiente, sin fines de lucro y ámbito mundial, que promueve la gestión sostenible de los bosques para conseguir un equilibrio social, economico y medioambiental de los mismos.

Made in the USA
Columbia, SC
19 November 2023

26754178R00152